Leonore Geißelbrecht-Taferner

DIE GEMÜSE-DETEKTIVE

Bohne & Co auf der Spur –
mit vielfältigen Experimenten, Spielen, Bastelaktionen, Geschichten
und Rezepten durch das Jahr

Illustrationen von Kasia Sander

Ökotopia Verlag Aachen

IMPRESSUM

Autorin   Leonore Geißelbrecht-Taferner

Illustratorin   Kasia Sander

Satz   art applied • Medienproduktion Hennes Wegmann, Münster

Notensatz   Ja.Ro.-Music, Taunusstein

Druck   Drukarnia Dimograf Sp. z o.o., Polen

ISBN   978-3-86702-015-2

4. Auflage 2018

© 2007, Ökotopia Verlag, Aachen

Für Linus
(der immer so rücksichtsvoll lieb war und noch immer ist)

INHALTSVERZEICHNIS

VORWORT

„Die Welt ist voll von kleinen Freuden.
Die Kunst besteht nur darin, sie zu sehen, ein Auge dafür zu haben.“

Li Tái-po

„Nein, nicht schon wieder Gemüse!" ist ein häufiger Kommentar meiner Kinder, wenn es ums Essen geht.

Um es gleich vorweg klarzustellen: Dieses Buch will Kinder nicht zu Gemüseessern bekehren! Es geht um etwas anderes. Kinder sollen Gemüse mit allen Sinnen erfahren: durch Sehen, Riechen, Fühlen, als Kunstobjekt, Spielzeug, Werk- oder Experimentiermaterial.

Und wenn sie es schmecken, dann in Verbindung mit Spaß, Spiel und Fantasie, denn Kartoffeln als gebratene Kartoffelkäfer serviert sind keine Plage, im Gegenteil sie schmecken allen!

Ich habe einen italienischen Künstler namens Ciro kennen gelernt, der mit weggeworfenen, scheinbar nutzlosen Dingen arbeitet. Er fügt z.B. rostige Nägel, Schrauben oder Türschlösser zusammen oder ergänzt sie, sodass dadurch ein Kunstwerk entsteht, das wieder Leben ausstrahlt und Interesse weckt.

In diesem Sinne werden die Gemüse-Detektive in diesem Buch immer wieder fündig: Krumme Gurken oder gegabelte Karotten können als Objekt so perfekt sein, dass z.B. nur noch ein Auge fehlt, um ein ganz bestimmtes Tier oder eine Gestalt darin zu sehen. Auch viele Gemüseteile, die normalerweise achtlos weggeworfen werden, wie z. B. Fruchtstiele von Tomaten, finden ihre Verwendung.

Ebenso oft gefragt ist ein genauer detektivischer Blick. Ich möchte aufmerksam auf die kleinen Wunder der Natur machen, die sich in der Fülle der Gemüse verbergen und erst bei genauerer Betrachtung sichtbar werden. Ist Ihnen z.B. aufgefallen, dass Maispflanzen Stelzwurzeln haben oder Tomatensamen wie kleine Igel aussehen?

Noch ein äußerst praktischer Aspekt darf beim Spiel nicht außer Acht gelassen werden: Gemüse ist ein billiges Material, besonders wenn es saisongetreu besorgt oder gar selbst angebaut wird.

Ich wünsche daher allen großen und kleinen DetektivInnen spannende Entdeckungen in der Welt der Gemüse, so wie ich sie gemeinsam mit meinen ehemals „Gemüse verachtenden" Kindern gemacht habe!

Leonore Geißelbrecht-Taferner

EINLEITUNG

Gemüse – überall zu bekommen, leicht anzubauen und gesundes Nahrungsmittel!
Gemüse kann aber noch viel mehr: Es weckt den detektivischen Spürsinn der Kinder und beflügelt ihre Fantasie – das ganze Jahr über. Beginnend mit der Bohne entdecken und erfahren die Kinder die beliebtesten Gemüsesorten mit allen Sinnen.

- Zu jeder Gemüsesorte lernen sie Besonderheiten kennen, die in diesem Buch in Form von **Notizzetteln** angeführt werden. Dort finden sich ganz spezielle Eigenschaften, Fähigkeiten und Taktiken der Pflanze und ihrer engsten Verwandten, z.B. ihr Ursprung, ihre Verwendbarkeit, ihre Strategien, ihre Stärke, ihre Anpassungsfähigkeit oder ihre Wirkung.
- In den **Aktionen** werden diese Besonderheiten mit allen Sinnen erfasst, mit kleinen Experimenten selbst entdeckt und auch im übertragenen Sinn spielerisch vertieft.
- **Werk- und Bastelanregungen, einfache Rezepte, Geschichten, Lieder und Gedichte** ergänzen die jeweiligen Kapitel.
- Am Ende jedes Kapitels stehen **Tipps und Tricks für den eigenen Garten**. Hier bekommen die Kinder hilfreiche Informationen für den „Eigen-Anbau" im Gemüsebeet, auf dem Balkon oder auf der Fensterbank.

Methodische Hinweise

Bei Kindern beliebte Gemüsesorten werden im Buch in alphabetischer Reihenfolge behandelt. Im Schlusskapitel ist schließlich die gesamte Gemüsepalette vereinigt.

Zu Beginn jedes Kapitels steht ein **Steckbrief**. Er dient zum genauen Kennenlernen und Erkennen der Gemüsepflanze, auch im nicht-fruchtenden Stadium.
In jedem Kapitel werden die Besonderheiten der Gemüsesorten anhand von **Notizzetteln** erklärt. Hier finden sich typische Eigenschaften und interessante Fähigkeiten der Pflanzen, die mit den Kindern besprochen werden sollen.
Daraus resultieren diverse **Aktionen**, bei denen die Kinder ihr neu gewonnenes Wissen auf unterschiedlichste Weise „in die Tat" umsetzen können: Experimente in Haus und Garten, Spiele, Kochen, Werken, Basteln, ...

Die Auswahl und Reihenfolge der Aktionen bleibt dabei frei. Es lassen sich auch Aktionen unterschiedlicher Kapitel zu einem Thema zusammenfügen, z.B.:

Steck-Kunstwerke
Werken mit Gemüse & Zahnstochern: Bohne, Karotte, Kartoffel und Gurke

Samenkeimung
Experimente: Bohne, Erbse, Mais

Gemüselust
Kochen und Essen mit Spaß: Kartoffel, Erbse, Mais, Zwiebel

Lupengeheimnisse
genaues Sehen: Zwiebel, Bohne, Karotte ...

Den Abschluss jedes Kapitels bilden **Tipps und Tricks** für den Anbau der Gemüsesorten im eigenen Garten. Es wurde besonders darauf Wert gelegt, dass viele gärtnerische Aktionen auch ohne großen Gemüsegarten möglich sind. Oft reicht dafür schon die Fensterbank oder ein kleiner Balkon.

BOHNE
KLETTERMAXE MIT FEURIGEN SAMEN

Bohnenpflanzen sind das reinste Kletterwunder. Mühelos erklimmen sie Bäume oder umschlingen Zeltstangen zu einem dichten Wigwam. Auch die Schoten samt ihren Samen haben als Bastel- und Experimentiermaterial oder als Natur-Spielstein einiges für Kinder zu bieten. Fehlt nur noch der Höhepunkt: Ein närrisches Bohnenfest mit einer spannenden Bohnenentscheidung im Königskuchen!

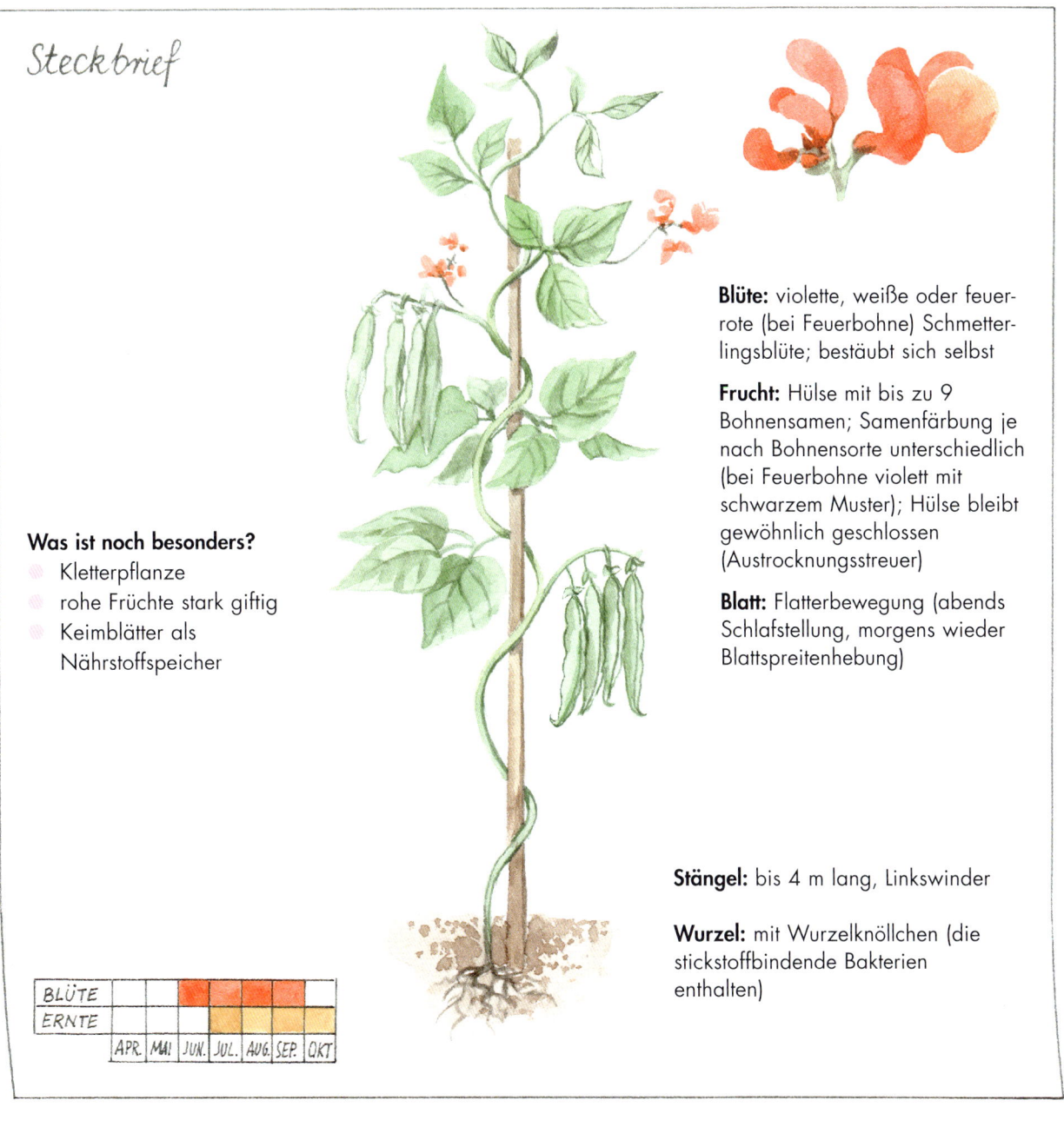

Steckbrief

Blüte: violette, weiße oder feuerrote (bei Feuerbohne) Schmetterlingsblüte; bestäubt sich selbst

Frucht: Hülse mit bis zu 9 Bohnensamen; Samenfärbung je nach Bohnensorte unterschiedlich (bei Feuerbohne violett mit schwarzem Muster); Hülse bleibt gewöhnlich geschlossen (Austrocknungsstreuer)

Blatt: Flatterbewegung (abends Schlafstellung, morgens wieder Blattspreitenhebung)

Stängel: bis 4 m lang, Linkswinder

Wurzel: mit Wurzelknöllchen (die stickstoffbindende Bakterien enthalten)

Was ist noch besonders?
- Kletterpflanze
- rohe Früchte stark giftig
- Keimblätter als Nährstoffspeicher

	APR.	MAI	JUN.	JUL.	AUG.	SEP.	OKT
BLÜTE			■	■	■	■	
ERNTE				■	■	■	

DIE BOHNE LEBT!

In jeder Bohne steckt Leben, auch wenn sie von außen noch so trocken und leblos aussieht. Etwas Wasser kann sie aus dem Schlaf wecken. Bevor der Bohnensame keimt, nimmt er Wasser auf, quillt und wird weich. Er ist dann ungefähr doppelt so schwer wie vorher. Nach ein paar Tagen platzt die „Naht" bzw. der Bohnennabel und die Bohne keimt. Bald werden die ersten grünen Blätter erscheinen.

SEHEN & EXPERIMENT

WUNDERWERK BOHNENSAME

Die Kinder betrachten in dieser Aktion ein kleines Wunderwerk der Natur.

Alter: ab 6 Jahren
Material: mehrere Feuerbohnensamen, Lupe, Schüssel mit Wasser, Stift

Am ersten Tag erhält jedes Kind zwei trockene Bohnen, eine davon legt es ins Wasser.
Die Kinder betrachten die trockene Bohne, schneiden sie auseinander oder öffnen sie mit dem Daumennagel und nehmen die Teile genau unter die Lupe.
Dabei entdecken sie verschiedene Details:
Samenschale: schützt den Samen vor Austrocknung und Verletzung;
Keimblätter: sind Vorratskammer für alle Stoffe, die der heranwachsende Keimling braucht;
Keimling: ist das Gebilde zwischen den Keimblättern.

Am nächsten Tag nehmen sich die Kinder eine eingewässerte Bohne aus dem Wasser und vergleichen sie mit einer trockenen.
Die eingewässerte Bohne
- hat Wasser aufgenommen,
- ist ungefähr doppelt so schwer
- und viel größer geworden.
   (Umfahren die Kinder die beiden Bohnen mit einem Stift, sehen sie den Größenunterschied noch deutlicher.)

Die nasse Bohne ebenfalls mit dem Daumennagel öffnen und unter der Lupe betrachten. Die Kinder beobachten nun verschiedene Veränderungen:
Die Bohnenhaut ist faltig und wellig geworden und teilweise aufgeplatzt.
Die Keimblätter und der Keimling haben sich vergrößert.
Der Same hat durch Quellung Wasser aufgenommen und durch den Druck des eingeströmten Wassers wurde die Samenschale gesprengt.
Der Keimling, der schon bei der trockenen Bohne sichtbar ist, wird immer größer und durch Wasser zum Wachsen angeregt.

Eine erst am **übernächsten** Tag aus dem Wasser genommene Bohne zeigt nochmalige Vergrößerung.

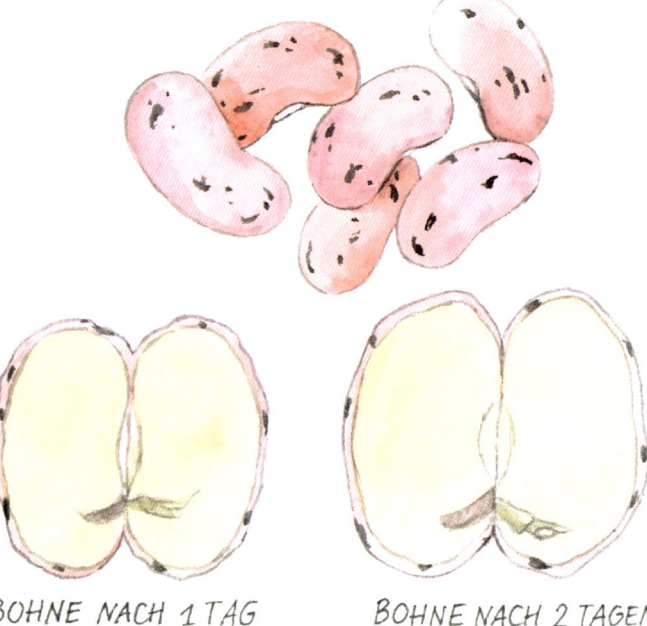

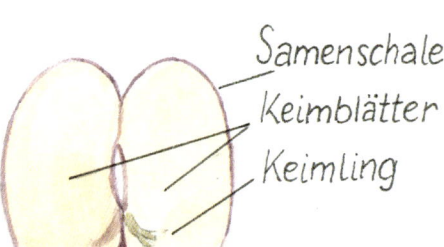

Samenschale
Keimblätter
Keimling

TROCKENE BOHNE

BOHNE NACH 1 TAG
IN WASSER

BOHNE NACH 2 TAGEN
IN WASSER

BOHNENENTKORKUNG

Bohnen brauchen durch Quellung mehr Platz und verschaffen sich diesen auch mit Gewalt! Die Kraft quellender Bohnen nutzten bereits die alten Griechen, um Steinblöcke zu zerteilen: Sie bohrten an der gewünschten Bruchstelle Löcher und füllten diese mit Bohnen und Wasser.

Alter: ab 4 Jahren
Material: Bohnensamen, Glasröhrchen mit Korken (z.B. von Vanilleschoten-Verpackung), Wasser

Die Kinder füllen Bohnen bis zum Rand in ein Glasröhrchen, gießen mit Wasser auf und drücken einen passenden Korken fest (!) auf.
Die Samen beginnen zu quellen und vergrößern sich.
Die Bohnen nützen jeden Freiraum im Röhrchen und füllen ihn aus.
Durch ihren immer größeren Platzbedarf steigt auch der Druck im Glas. Nach 1 – 2 Tagen ist der Druck so groß geworden, dass der Korken nach oben weichen muss.

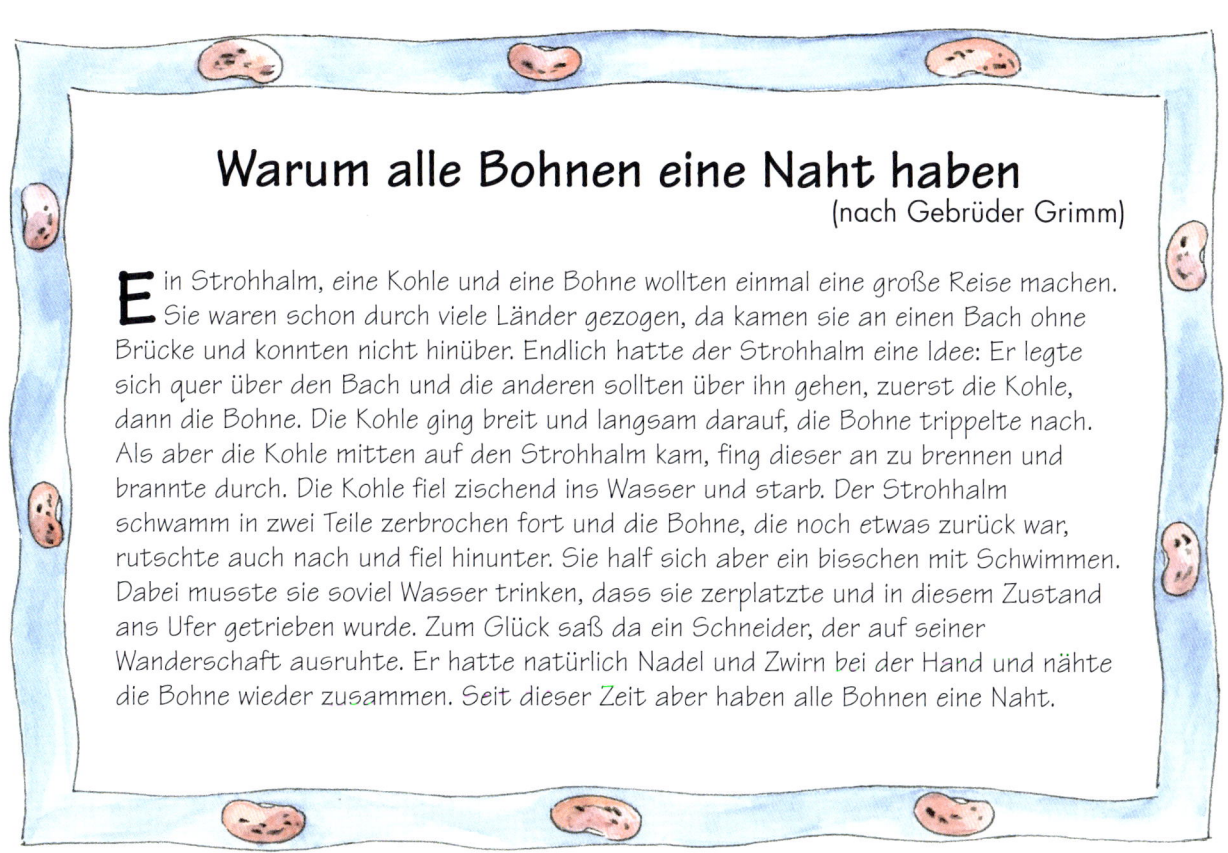

Warum alle Bohnen eine Naht haben

(nach Gebrüder Grimm)

Ein Strohhalm, eine Kohle und eine Bohne wollten einmal eine große Reise machen. Sie waren schon durch viele Länder gezogen, da kamen sie an einen Bach ohne Brücke und konnten nicht hinüber. Endlich hatte der Strohhalm eine Idee: Er legte sich quer über den Bach und die anderen sollten über ihn gehen, zuerst die Kohle, dann die Bohne. Die Kohle ging breit und langsam darauf, die Bohne trippelte nach. Als aber die Kohle mitten auf den Strohhalm kam, fing dieser an zu brennen und brannte durch. Die Kohle fiel zischend ins Wasser und starb. Der Strohhalm schwamm in zwei Teile zerbrochen fort und die Bohne, die noch etwas zurück war, rutschte auch nach und fiel hinunter. Sie half sich aber ein bisschen mit Schwimmen. Dabei musste sie soviel Wasser trinken, dass sie zerplatzte und in diesem Zustand ans Ufer getrieben wurde. Zum Glück saß da ein Schneider, der auf seiner Wanderschaft ausruhte. Er hatte natürlich Nadel und Zwirn bei der Hand und nähte die Bohne wieder zusammen. Seit dieser Zeit aber haben alle Bohnen eine Naht.

WELCHER KEIMLING HAT ES GUT?

Ohne Sauerstoff und Wasser kann kein (Bohnen-)Same keimen.

Alter: ab 6 Jahren
Material: 3 Marmeladengläser, Feuerbohnen, Küchenrolle, Wasser

3 Gläser vorbereiten: 1 Glas trocken, 1 Glas mit befeuchteter Küchenrolle, 1 Glas mit Wasser gefüllt.

Die Kinder geben in jedes Glas 3 Bohnen, verschließen die Gläser und stellen sie auf eine sonnige Fensterbank.

Was passiert?
Nach 1–3 Tagen keimen die Bohnen in dem Glas mit dem befeuchteten Tuch, die anderen nicht.
Warum?
- Im trockenen Glas fehlt die Feuchtigkeit.
- Im Wasser gefüllten Glas quillt die Bohne zwar, aber aus Sauerstoffmangel kann sie nicht keimen.

WIE KEIMT DER BOHNENSAME?

Kinder, die noch mehr forschen wollen, beobachten das Geschehen im Glas mit der befeuchteten Küchenrolle weiter …

Was passiert?
- Nach 2 bis 3 Tagen kommt der Keimling aus der Bohne. Keimt die Bohne, platzt die „Naht" und die Keimwurzel tritt heraus. Die Bohne springt dabei allmählich in zwei Hälften auf und die Samenschale löst sich immer weiter ab.
- Nach ca. 5 Tagen tritt auch der Spross mit den Keimblättern hervor, die Keimwurzel wird immer länger.
- Nach einer Woche hat sich der Stängel verlängert und die Keimblätter entfalten sich zu frischen grünen Blättern.

Ab diesem Zeitpunkt verlangt die Bohne nach Erde, da ihr Wasser und Luft allein nicht mehr genügen.

EIGENSINNIGE UND WUNDERSAME BOHNENRANKEN

Bohnen sind richtige Kletterpflanzen. Sie winden sich dabei gegen den Uhrzeigersinn um eine Stange. Werden sie absichtlich im Uhrzeigersinn um eine Stange gewickelt, so winden sie sich „aus" und dann nach links „um".

Sie können ein Zeltgerüst überziehen und sich hoch auf Bäume schlingen. Das hat manche Dichter zu großer Fantasie beflügelt: Beim Märchen „Jack und die Bohnenranke" wächst eine Zauberbohne bis in den Himmel, ist noch dazu wie eine Leiter begehbar und verhilft dem armen Jack zu Reichtum. Bei Münchhausen wachsen türkische Bohnen bis zur Mondsichel und ranken sich um dessen Zipfel. Der Lügenbaron konnte darauf hurtig zum Mond empor klettern. Als er jedoch wieder herunter wollte, war das Bohnenkraut verdorrt. Münchhausen fiel aber gleich wieder eine andere verrückte Idee ein.

EXPERIMENT & SPIEL
FENSTERBRETT-OLYMPIADE

Welches Kind hat die tüchtigste Bohne?

Alter: ab 4 Jahren
Material: Bohnensamen, Blumentöpfe oder ein Balkonblumenkasten, Blumenerde, Bohnenstangen, Namenskärtchen

Jedes Kind pflanzt seine Bohne in einen Blumentopf mit Erde (oder alle Kinder nebeneinander in einen Blumenkasten), steckt daneben eine Bohnenstange hinein und kennzeichnet sie mit einem Namenskärtchen.
Die Kinder stellen die Bohnen ins Freie. Dazu genügt schon ein Fensterbrett.

Nun können die verschiedenen Bohnenwettbewerbe starten:
- Wessen Bohne schaut als Erste aus der Erde?
- Welche Bohne wächst am schnellsten? (immer wieder messen)
- Welche Bohne windet sich als Erste um die Stange?
- Welche Bohne bildet die meisten Umdrehungen?
- Wessen Bohne trägt die erste Blüte? usw.

EXPERIMENT
UHRZEIGERWENDE

Bohnen wachsen gegen den Uhrzeigersinn um ihre Stange. Lassen sie sich „umerziehen"?

Alter: ab 6 Jahren
Material: junge Bohnenpflanzen (die gerade ihre ersten Ranken ausbilden), Bohnenstange, Schnur

Die Bohnenranken im Uhrzeigersinn (also verkehrt herum!) um die Bohnenstange legen oder locker binden.

Was passiert?
Die Ranke wird in kürzester Zeit nach unten rutschen, um nun „bohnengemäß", d.h. gegen den Uhrzeigersinn wieder hochzuklettern. Bohnen sind und bleiben in dieser Beziehung also stur!

Wachstum gegen den Uhrzeigersinn

DIE RICHTIGE RICHTUNG!

Ein Spiel zum Schwindligwerden!

Alter: ab 5 Jahren
Material: Tanzmusik, Pfeifchen oder Tröte

Die Kinder tanzen zu zweit in beliebiger Richtung im Kreis. Auf ein Signal der Spielleitung (Pfeifchen oder Tröte) wechseln sie die Richtung. Irgendwann hört die Musik auf (Spielleitung schaltet den Recorder aus). Wer zu diesem Zeitpunkt in der richtigen Richtung (Bohnenrichtung) tanzt, darf bleiben, die anderen „rutschen" nach unten (hocken sich hin) und scheiden leider aus.
Gewonnen hat das Paar, das bis zum Ende ohne Drehwurm übrig bleibt.

DAS HAUS DER BOHNEN – DIE SCHOTE

Bohnenschoten sorgen für Schutz und Nahrung der Bohnen. Bei noch frischen, fleischigen Schoten hängen die Bohnen mit dem Nabel an der Schote und werden von ihr so versorgt. Ist die Bohne völlig ausgereift, nabelt sie sich von der Schote ab (eine Versorgung ist nun nicht mehr notwendig). Die Schoten werden dann trocken, spröde und braun, die reifen Bohnen lassen sich leicht herauslösen.
Frische Schoten können ähnlich wie Neapolitaner-Schnitten geöffnet werden: Am Rand der Schote befindet sich ein Faden, der nur abgezogen werden muss – und schon öffnet sich die Schote. Das macht Spaß!
Bohnenschoten können je nach Sorte ganz unterschiedlich gefärbt sein. Es gibt gelbe, grüne und violette von der Stangenbohne sowie grüne von der Feuerbohne. Zusammen mit ihren Bohnen sind sie ein fantasiereiches Bastelmaterial.

SCHOTENSCHNÄBEL UND MEHR

Die Schnabelform der Bohnenschoten regt die Fantasie an.

Alter: ab 3 Jahren
Material: frische Bohnenschoten (von Feuer- oder Stangenbohnen), Bohnen, Zahnstocher

Ganze Bohnenschoten oder auch nur Teilstücke verwenden.
Die Schoten mittels Zahnstochern zu „Schotenschnäblern" (Delfinen, Kolibris, Mäusen, Insekten, Sauriern etc.) oder „schnäbeligen" Dingen (Flugzeugen, Segelschiffen, Wikingerschiffen, Spritzen, Vampirgebissen, Köchern, Berner Würstchen etc.) verwandeln. Die Zahnstocher dienen als „Steckmittel" und als Füße, Ruder oder Flügel.
Kleine Kinder haben besonderen Spaß daran, einfach „wild" herum zu stecken, was z.B. bei Köchern oder Spritzen sehr einfach möglich ist. Bei manchen Objekten zusätzlich Bohnensamen verwenden, z.B. als Passagiere der Boote und Flugzeuge.

Hinweis:
- Die Schotenkunstwerke sind nur sehr begrenzt haltbar (ein paar Tage). Am besten noch ganz frisch fotografieren!
- Rohe Bohnen sind giftig – also nicht anbeißen!

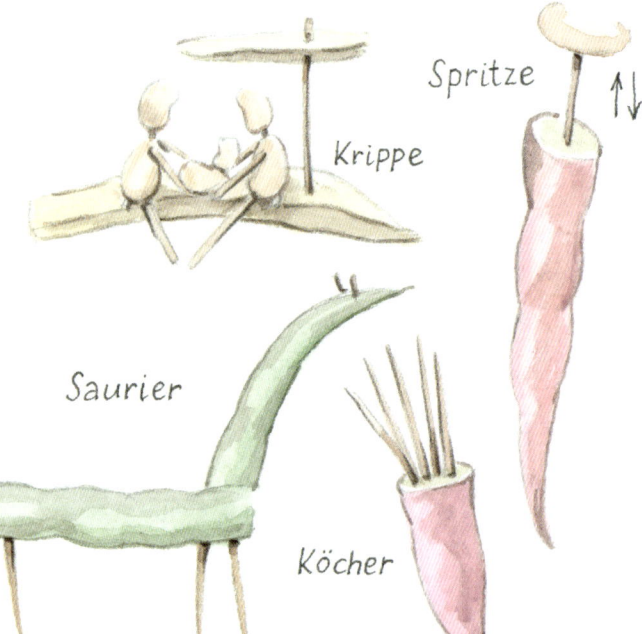

Spritze

Krippe

Saurier

Köcher

Delfin

GEHEIMBOHNSCHAFTEN

Hier tauschen Kinder Geheimnisse auf beson-
dere Weise aus.

Alter: ab 7 Jahren
Material: trockene Feuerbohnenschoten, Stifte,
Gummiringe oder Klebestreifen
Hinweis: Für diese Aktion eignen sich nur ganz
trockene Bohnenschoten. Bei den grünen,
fleischigen und noch nicht völlig ausgereiften
Schoten gibt es noch kein „Pergamentpapier"!

Die Kinder schicken sich in dieser Aktion gegenseitig geheime Botschaften, indem sie das
Schoteninnere beschriften:
Trockene Feuerbohnenschoten vorsichtig öffnen
und die Feuerbohnen so entnehmen, dass die
Schote nicht zerbricht.
Im Inneren der Schote wird eine Haut sichtbar,
die sich wie Pergamentpapier anfühlt und dem-
entsprechend „beschreiben" lässt.
Das Schoteninnere mit einer geheimen Botschaft
(Treffpunkt, Uhrzeit …) beschriften und die Schote vorsichtig mit Gummiringen oder Klebestreifen wieder verschließen.

Tipp: Diese Bohnenschoten als besondere Einla-
dung zum Bohnenfest verwenden!

BUNTE BOHNENSAMENVIELFALT

Je nach Sorte können Bohnenkerne weiß, violett, marmoriert, grün, gelb oder schwarz gefärbt sein. Es gibt Bohnensammlungen mit über
2000 verschiedenen Sorten.
Die alten Griechen wählten in Athen mittels
Bohnenfarbe ihre Regierung: Wer eine weiße
Bohne zog, konnte mitregieren. Wer eine
schwarze zog, der nicht. Sie glaubten nämlich,
dass ihre Ahnen vorübergehend in Bohnen
wohnen und sie dadurch am Urteil beteiligt
wären.
Auch eine einzige Bohnensorte z.B. die Feuerbohne, bringt eine ganze Palette verschieden-
artiger Bohnen mit ganz unterschiedlichen
Marmorierungen und Farben hervor: violette
mit wenigen schwarzen Flecken, fast schwarze
mit ein paar violetten Flecken; jene aus der frischen Schote sind vorwiegend rosa, mit größe-
rer Austrocknung immer dunkler violett.
Aufgrund ihrer Farbenvielfalt und guten Halt-
barkeit sind Bohnensamen ideale Natur-Spiel-
steine: So ist z.B. ein Mühle- oder Fuchs & Hen-
ne-Spielplan schnell aufgezeichnet und mit der
notwendigen Anzahl zweier unterschiedlich
gefärbter Bohnenkerne gleich bespielbar.

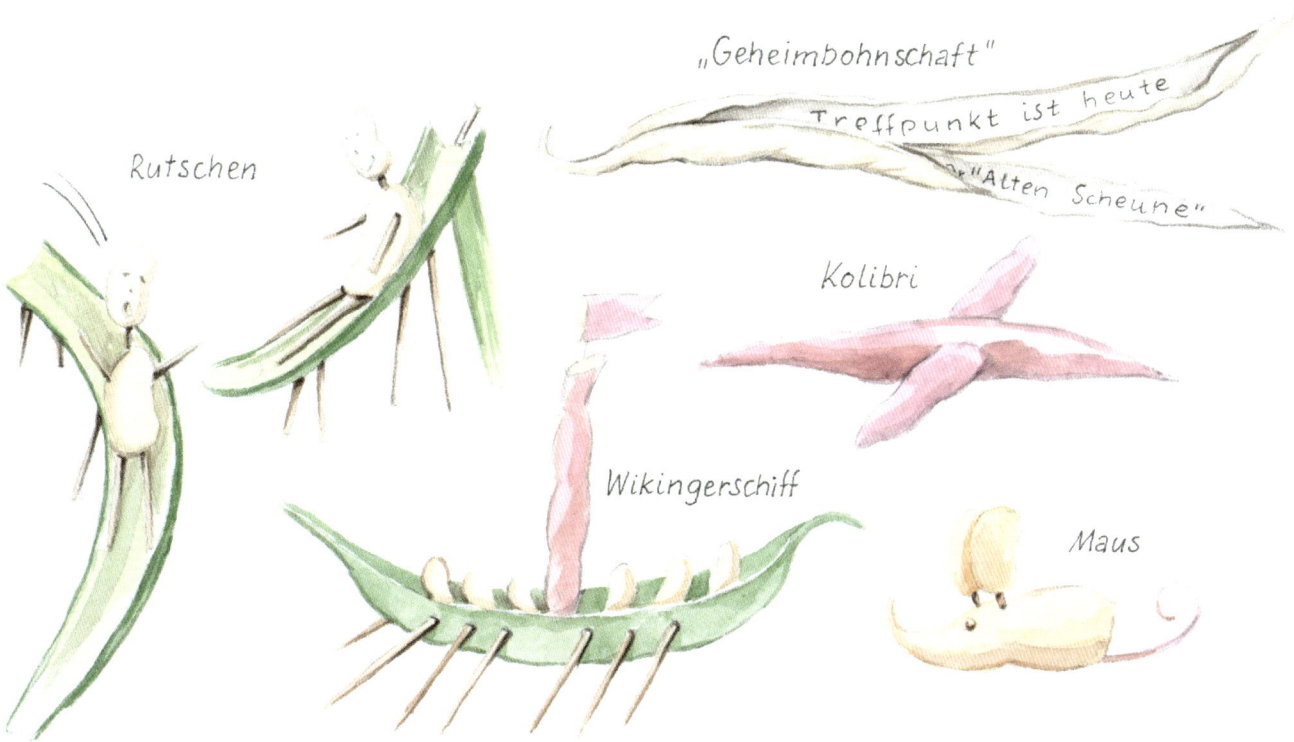

Rutschen

„Geheimbohnschaft"

Treffpunkt ist heute

„Alten Scheune"

Kolibri

Wikingerschiff

Maus

SEHEN
BOHNENFARBENSPIEL

Ein wunderschönes Farbenspiel der Natur erfahren Kinder in dieser Aktion.
Und eine zusätzliche Erkenntnis: Wie leicht oder schwierig ist es, die Farben der Natur nachzumischen?

Alter: ab 5 Jahren
Material: dicke grüne (noch frische) Feuerbohnenschoten, Wasserfarben (rot, blau, schwarz und braun), Deckweiß, Pinsel, Schälchen zum Farbenmischen, Papier

Den Faden, der sich am oberen Rand der Feuerbohnenschote befindet, abziehen. Die Schote lässt sich dann leicht öffnen. Sie entlässt dicke rosa gefärbte Bohnensamen.

Die Bohnensamen stehen den Kindern als Farbmuster Modell:
Sie legen den Samen auf ihr Papier und umranden ihn mit einem Stift.
Mit Farbe und Deckweiß mischen sie eine Farbe entsprechend des Samens. Ist die Farbmischung (möglichst gut) getroffen, die aufgemalte Bohne damit ausfüllen.
Am nächsten Tag (und an den weiteren) dasselbe wiederholen: Die Bohne verkleinert sich und ihre Farbe wechselt immer stärker ins Dunkelviolett.
Hinweis: Bohnen aus trockenen Schoten sind bereits ausgetrocknet und daher schon dunkelviolett.

Tipp: Wem die Bohnen zu klein sind und wer lieber großformatiger an die Sache herangeht, nimmt die Bohnen nur als Farbmuster und gestaltet über mehrere Tage ein rosa-violettes Farbenspiel …

SPIEL
BOHNENGLÜCK

Welche Bohnenfarbe bringt Glück?

Alter: ab 4 Jahren
Material: verschiedenfarbige Bohnenkerne – pro Kind 10 Bohnen einer Farbe, Würfel
Hinweis: Bei sehr vielen Kindern können auch Jelly Beans verwendet werden – da gibt es genug Farben und die „Beans" sind essbar!

Die Kinder legen ihre Bohnen wechselweise in einem großen Kreis auf. Es entsteht dabei ein vielfarbiger Bohnenkreis.
Eine Bohne wird zur „Startbohne" erklärt. Nun wird reihum gewürfelt: die Bohne, die der Augenzahl des Würfel entspricht, scheidet aus. Der Besitzer bzw. die Besitzerin der letzten übrig gebliebenen Bohne hat gewonnen.

LEGESPIEL
BOHNENLEGEN

Ein ruhiges Gestaltungsspiel.

Alter: ab 3 Jahren
Material: verschiedenfarbige Bohnenkerne

Die Spielleitung legt durch Aneinanderreihung von Bohnen Figuren, Tiere, Dinge.
Die Kinder dürfen bereits während des Legens raten, was es wird. Das Kind, das es als erstes errät, darf das nächste Bohnenrätsel legen.

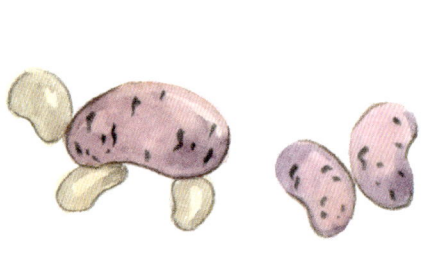

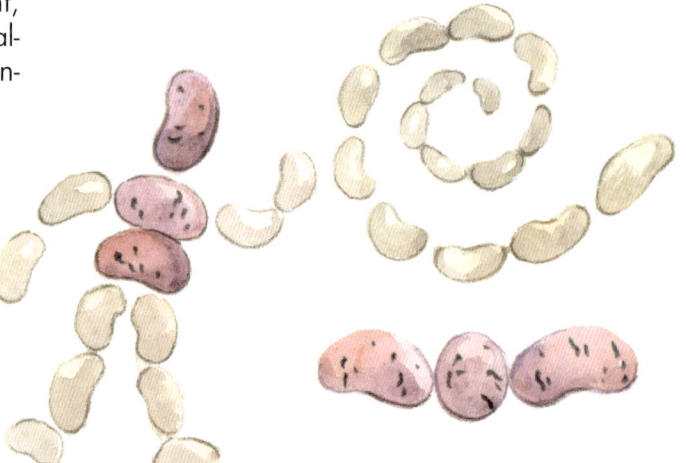

STECKBOHNEN

Eine fantasievolle Bastelei, die zwar etwas Fingerspitzengefühl erfordert, aber fast unbegrenzt haltbar ist.

Alter: ab 5 Jahren
Material: verschiedene frisch ausgelöste Bohnensamen
Hinweis: Frisch ausgelöste Bohnen verwenden. Sie sind noch etwas weich und daher leicht steckbar. Später werden die Bohnen sehr hart. Andere Möglichkeit: Bohnen ein paar Stunden vorher im Wasser einweichen.

Mittels Zahnstochern erwecken die Kinder Bohnen „zum Leben": Bohnenmännchen, -tiere (Käfer, Eulen, Schafe, Giraffen, Pferde, ...) und -gespenster bekommen Hände und Füße aus Zahnstochern.
Ganze Spiellandschaften können dabei entstehen: Arche Noah, Zoo, Krippe, Gespensterchor, Rutschen, ...
Einfachere Steckbohnenbasteleien sind Kakteen, Lutscher oder Spießchen.

BOHNENKITZEL

Ein spannendes Spiel, bei dem schon ganz Kleine mitmachen können.

Alter: ab 3 Jahren
Material: trockene Bohnen, kleines leichtes Körbchen, Schnur, Klebeband

An der Decke des Spielzimmers mit Klebestreifen eine 2–3 m lange Schnur befestigen, an deren unterem Ende ein kleines, leichtes Körbchen hängt.
Die Kinder sitzen im Kreis um das Körbchen herum. Jedes Kind bekommt eine Handvoll trockener Bohnen.
Der Reihe nach darf nun jedes Kind eine Bohne in das Körbchen legen. Dadurch wird das Körbchen immer schwerer und die Spannung immer größer: Bei wem wird der Klebestreifen reißen?

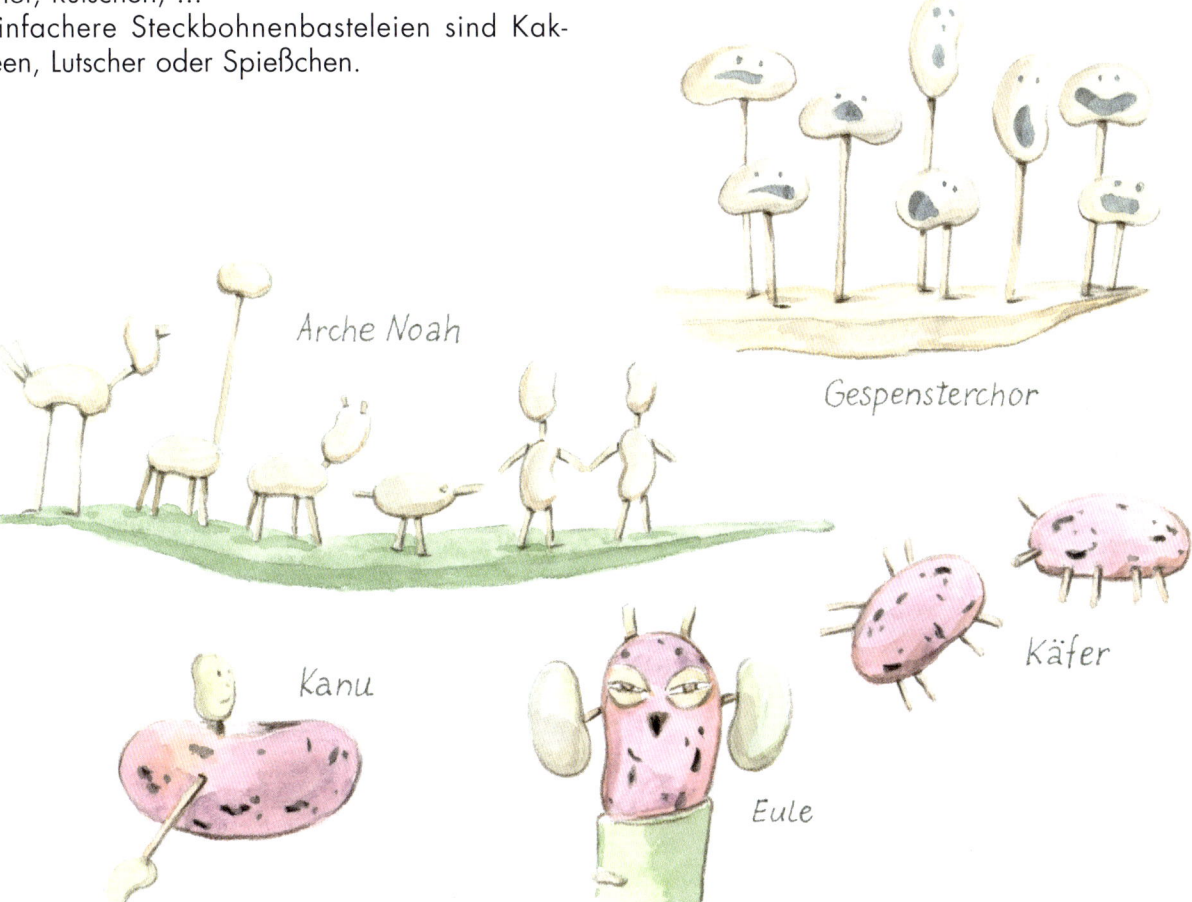

Arche Noah

Gespensterchor

Kanu

Eule

Käfer

KÖNIGLICHER BOHNENSCHMAUS

Die Ackerbohne ist eine uralte Feldfrucht, die schon die Menschen der Bronzezeit ernährte. Rohe Bohnen sind giftig, gekochte schmecken aber wunderbar, sind gesund, aber auch ein bisschen blähend, wie schon das Sprichwort sagt: „Jedes Böhnchen ein Tönchen!"
Früher wurde am 6. Jänner (Dreikönigstag) das Bohnenfest gefeiert, das seinen Beginn mit dem Königskuchen nahm. Wer die Bohne im Kuchen fand, wurde Bohnenkönig und durfte an diesem Tag bestimmen. Manchmal wurden auch zwei Bohnenkerne eingebacken, wobei die schwarze Bohne den König und die weiße die Königin bestimmte.
Der Bohnenkönig ernannte einen ganzen närrischen Hofstaat (z.B. Sekretär, Arzt, Diener, Mundschenk, Vorschneider, Sänger, Musikant, Koch, Hofnarr, Rat) und feierte mit diesem das Bohnenfest. Das Narrenreich dauerte bis Mitternacht und jeder musste seine Rolle durchspielen. Unterlief jemandem beim Spiel ein Fehler, so bekam er einen schwarzen Strich ins Gesicht gezeichnet. Das närrische Bohnenfest, eine Art Karneval, wirkt bis heute im Fasching nach.
Mit dem Bohnenfest verbunden war das Bohnenlied, das in vielen Strophen von allen möglichen Dummheiten erzählt und immer mit folgender Zeile endet „Nu gang mir aus den Bohnen", was soviel bedeutet wie: „Und nun lass mich in Ruhe, geh deiner Wege, mit einem solchen Narren mag ich nichts zu tun haben!"

SCHMECKEN & SPIEL
DREIKÖNIGS-BOHNENKUCHEN

Zusammen einen wunderbar flaumigen Kuchen backen gehört zu einem Bohnenfest! Es muss nicht unbedingt der 6. Jänner sein, aber: Wer auf die Bohne beißt, ist Bohnenkönigin oder Bohnenkönig.

Zutaten: 1 Bohne (bei vielen Kindern auch zwei verschiedenfärbige für König und Königin). 500 g Weizenmehl, 80 g Zucker, 1 Handvoll Rosinen, $1/2$ TL Salz, 1 kleines Ei, 100 g Butter, 300 ml Milch, 30 g Hefe, 1 Eigelb und etwas Milch zum Bepinseln

Das Mehl in einer Schüssel zusammen mit Zucker (Rosinen) und Salz mischen und das Ei dazu schlagen. Die Butter in kleine Flöckchen schneiden und in die Schüssel obenauf geben. Die Hefe in lauwarmer Milch auflösen und auf den Mehlberg gießen.

Alle Zutaten am besten mit einer Küchenmaschine zu einem glatten Teig verkneten. Der Teig sollte sich gut vom Schüsselboden lösen – eventuell noch etwas Mehl dazugeben. Den Teigkloß mit Mehl bestäuben, in eine Schüssel geben, zudecken und an einen warmen Ort stellen. Er ruht dort so lange, bis er etwa doppelt so groß geworden ist (dauert ca. 1 Stunde).

Nochmals durchkneten und die Bohne(n) hineinkneten. Einen etwas größeren und fünf gleich große, kleinere Bälle formen.

Eine Springform einfetten, einen größeren Teigball in die Mitte legen, die anderen 5 Bälle regelmäßig rundherum. Mit einem Küchentuch zugedeckt ca. 1 Stunde rasten lassen.

Den Backofen auf 180 °C vorheizen.

Ein Eigelb mit etwas Milch verquirlen und den Kuchen damit einpinseln. Im Backofen ca. 45 Min. backen (Einstichprobe).

Durch das Backen verbinden sich die Teigbälle miteinander und geben Raum für eine aufgestellte Krone zwischen Mittelball und Seitenbällen.

BASTELN
BOHNENKRONE

Kein Bohnenfest ohne Königskrone! Zuerst kommt die Krone auf den Kuchen, danach auf den Kopf des frischgebackenen Königs oder der Königin.

Alter: ab 3 Jahren (mit Hilfe eines Erwachsenen)
Material: fester, jedoch biegsamer Karton, Goldfolie, Klebeband, verschiedenartige Bohnen (ca. 1 Stunde vorher eingeweicht), Zahnstocher, Klebstoff, Schere, evtl. Tacker

Auf dem Karton eine Krone vorzeichnen, die so groß ist, dass sie einem Kind auf den Kopf passt. Die Kartonrückseite mit Goldfolie bekleben und die Krone ausschneiden.

Die Kronspitzen mit auf Zahnstochern aufgespießten Bohnen (an der Rückseite mit Klebeband befestigt) verzieren.

Die Krone mit Klebestreifen innen zusammenkleben oder zusammenklammern.

Die Krone zunächst auf den Kuchen setzen, nach dem Verzehr auf den Kopf des Glückskindes.

NU GANG MIR AUS DEN BOHNEN

Text und Musik: Jürgen Geißelbrecht

1. Wenn dich jemand mal sekkiert
Wenn deine Mannschaft hoch verliert
(Oh!)
Wenn im Fernseh'n Schwachsinn rennt
Wenn deine Pizza dir verbrennt
(Wäh!)
Dann wisch es fort
mit diesem Wort:
„Nu gang mir aus den Bohnen!"

2. Wenn dich heut der Schularzt impft
Und wenn der Lehrer mit dir schimpft
(Grrr!)
Wenn dein Pausenbrot nicht schmeckt
Und jemand deinen Stift versteckt
(Hähä!)
Ja dann versuch
mal diesen Spruch:
„Nu gang mir aus den Bohnen!"

3. Wenn du dir dein Hemd zerreißt
Und wenn dich eine Zecke beißt
(Au!)
Ist dein Fahrradreifen platt
Setzt Opa wieder dich schachmatt
(Matt!)
Dann sing ganz leis
mal diese Weis':
„Nu gang mir aus den Bohnen!"

Hinweis: Die Kinder sollten die Zwischenrufe („Oh!", „Wäh!" etc.) ausgiebig „inszenieren". Die Überstimme am Ende des Liedes singt ein musikalisches Kind oder ein Erwachsener. Je größer der Lautstärkenunterschied zwischen piano und forte, desto mehr Spaß macht es.

Die kleine Bohnenkönigin

(Evamarie Taferner)

„Machen wir heuer wieder ein Bohnenfest, Mama?", fragt Camilla ihre Mutter.
„Letztes Jahr, das war schön, da war ich doch Bohnenkönigin, weißt du es noch? Und ich habe die meiste Schokolade bekommen!"
„Ja, ja natürlich", meint die ältere Schwester Marlene, „das glaube ich, dass dir das gefallen hat, mit uns herumzukommandieren! Wir mussten alle das tun, was du wolltest!"
„Das ist eben so beim Bohnenfest", meint die Mutter. „Wer die Bohne in seinem Kuchenstück findet, wird König oder Königin und darf befehlen. Vielleicht hast du das nächste Mal Glück und wir müssen deinen Wünschen gehorchen. Dann werden wir dir das Bohnenliedchen singen."

Als endlich der 6. Jänner herankommt, sind die Kinder schon sehr aufgeregt.
Bereits am Vortag wollen sie beim Kuchenbacken dabei sein, um zu sehen, in welche Ecke die Mutter die Bohne in den Teig versenkt. Aber da wird der Kuchen im Kreis gewirbelt und schon weiß keiner mehr, wo sie war, nicht einmal die Mutter.

Am nächsten Morgen können die Kinder es kaum erwarten, den Kuchen anzuschneiden. Die beiden Großen sehen sich schon als Bohnenkönigin schalten und walten. Eine übertrifft die andere an komischen Einfällen. „Die werden schauen, wenn ich erst Bohnenkönigin bin!", denkt jede für sich.
Camilla schreibt in Gedanken schon einen Einkaufszettel, was es alles Hübsches und Leckeres in der Stadt zu besorgen gäbe. Marlene hatte schon eine ganze Liste an Spielen und Speisen beisammen, die der Rest der Familie mit ihr zu spielen und zu kochen hätte. Nur die Kleinste, Viola, geht völlig ahnungslos umher und freut sich auf ihr Kuchenstück.

Und wer, glaubt ihr, ist in diesem Jahr nun wirklich die Königin geworden?
Weder Camilla, noch Marlene, auch nicht Vater oder Mutter. Nein, die kleine Viola, die ganz still dabei gesessen war und nur an den Kuchen gedacht hat, schon gar nicht an die Macht, die sie im Besitz der Bohne nun hätte ausüben können. Sie verzog nur ihr liebes Gesicht, denn beinahe hätte sie in die harte Bohne gebissen!
Da mussten alle um sie herum so lachen, dass die erlittene Enttäuschung der großen Schwestern in der allgemeinen Fröhlichkeit unterging.

TIPPS UND TRICKS FÜR DEN EIGENEN GARTEN

Bohnen sind sehr kinderfreundlich: Sie sind „handfeste" Samen, keimen sehr schnell und die Kinder können ihnen beim Wachsen fast zusehen. Ein paar Dinge sollten dennoch beachtet werden:

- Kälte ist für Bohnen das Grässlichste, was sie sich vorstellen können. Eine alte Bauernregel besagt: „Wenn der Kirschbaum blüht, ist es soweit: Die Bohnen-Saat kann beginnen!"
Bohnen lieben warme Temperaturen für ihre Keimung: mindestens 15 °C, besser noch 20 °C. Ungeduldige ziehen Bohnen im Zimmer in kleinen Töpfchen vor und setzen sie erst mit der ersten Rankenbildung in den Garten um. Dann ist auch keine Schneckengefahr mehr gegeben.
- Wenn der Kirschbaum blüht, Bohnen direkt in 4-5 cm tiefe Gräben oder Löcher (nicht weniger tief, sonst vertrocknen die Bohnen) einlegen. Spätestens nach einer Woche stechen die ersten Triebe aus der Erde. Leider erfreuen sich daran auch Schnecken, daher immer gut darauf achten und anfangs bei Trockenheit gut gießen.
- Sobald sich die erste Ranke zeigt, benötigen Bohnen eine Rankhilfe (möglichst langer Stab), damit sie schön klettern können. Nun braucht nur noch die Bohne arbeiten.
- Nach ein paar Wochen gibt es wunderschöne Bohnenblüten. Stangenbohnen blühen meist weiß oder violett, Feuerbohnen feurig rot. Bis zur Bohnenschotenernte braucht es noch ein bisschen Geduld: Generell dauert es von der Saat bis zur Ernte 10 – 12 Wochen.
- Bohnensaatgut ist leicht zu ziehen: Trockene, voll ausgereifte Bohnenschoten im Herbst abnehmen, an einem luftigen Ort nachtrocknen und dann die Samen aus den Hülsen herauslösen. Sie sind sofort wieder keimfähig.

GÄRTNEREI & SPIEL
BOHNENWIGWAM

Alter: ab 4 Jahren
Material: Feuerbohnensamen oder junge Feuerbohnenpflanzen, 6 lange Bohnenstangen, ein Fleckchen gute Gartenerde

6 Bohnenstangen in Zeltform in die Erde stecken und oben zusammenbinden.
An jede Stange 3 Bohnensamen bzw. 2 Bohnenpflanzen setzen und immer wieder gut gießen.
Für den Wigwam eignen sich besonders Feuerbohnen, da diese ein sehr dichtes Laub bilden und gegen kühle Temperaturen relativ unempfindlich sind (5 °C halten sie locker aus).
Das Zelt bleibt bis in den Herbst hinein „blickdicht" und trägt immer wieder wunderschöne feuerrote Blüten, die sich zu großen grünen Schoten mit dicken violett–schwarz gesprenkelten Bohnensamen entwickeln.

Nun steht Indianerspielen etc. nichts mehr im Wege!

Hinweis: Bei ungeduldigen Kindern und in Schnecken geplagten Gärten ist es besser, die Bohnen zunächst in kleinen Töpfchen vorzuziehen und erst als Jungpflanzen zu den Stangen zu setzen. Dann wird das Zelt in wenigen Wochen zugewachsen sein.

ERBSE -
SÜßES KÜGELCHEN MIT GRIPS

Erbsen sind wohl das beliebteste Kindergemüse: Sie schmecken leicht süß, lassen sich gut „begreifen", sind tolle Spiel- und Versuchsobjekte und noch dazu leicht anzubauen. Denn am besten schmecken sie frisch aus der Schote, wenn vorher der optimale Reifezustand erfühlt worden ist.

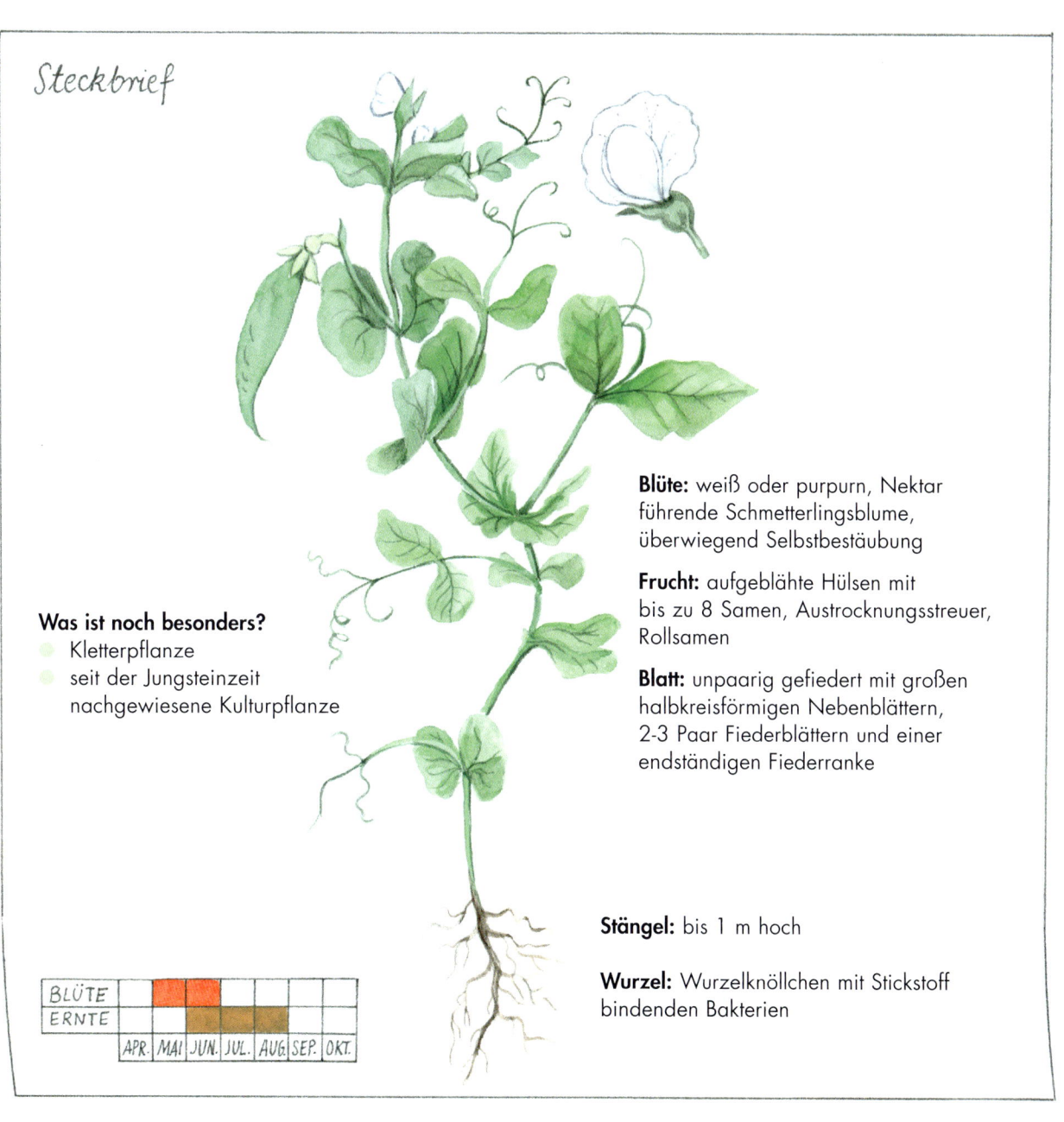

Steckbrief

Was ist noch besonders?
- Kletterpflanze
- seit der Jungsteinzeit nachgewiesene Kulturpflanze

Blüte: weiß oder purpurn, Nektar führende Schmetterlingsblume, überwiegend Selbstbestäubung

Frucht: aufgeblähte Hülsen mit bis zu 8 Samen, Austrocknungsstreuer, Rollsamen

Blatt: unpaarig gefiedert mit großen halbkreisförmigen Nebenblättern, 2-3 Paar Fiederblättern und einer endständigen Fiederranke

Stängel: bis 1 m hoch

Wurzel: Wurzelknöllchen mit Stickstoff bindenden Bakterien

	APR.	MAI	JUN.	JUL.	AUG.	SEP.	OKT.
BLÜTE		■	■				
ERNTE			■	■	■		

KRÄFTIGE ERBSENKEIMUNG

Bevor ein Erbsensame keimt, beginnt er zu quellen. Das heißt er wird größer, weil er Wasser aufnimmt. Im Garten reicht dazu feuchte Erde, die Samen quellen aber auch einfach nur durch Zugabe von Wasser. Die Quellung ist eine außerordentlich sinnvolle Einrichtung der Natur: Gelangt Wasser zu einem Samen, der in harter Erde liegt, so kann bereits die Quellung den Boden aufreißen oder zumindest lockern, sodass das herauswachsende Pflänzchen Platz für seine Entwicklung hat.

Durch das Quellen und das Lösen der Nährstoffe kann der Erbsensame nach ca. 3 Tagen keimen. Er entwickelt dabei riesige Kräfte.

ERBSPERIMENT & SEHEN & HÖREN
PLINGMASCHINE

Die Kinder verfolgen die Quellung der Erbse sichtbar und hörbar (!) mit. Das Ganze ist ein so genannter „osmotischer Vorgang": Durch die Schalen dringt Wasser in die Zellen der Erbsen und löst ihre Nährstoffe. Der dabei entstehende Druck lässt die Erbsen dick aufquellen und über den Rand des Glases auf den Blechdeckel fallen.

Alter: ab 3 Jahren
Material: trockene Erbsen, Weinglas, Blechdeckel, Wasser

Ein Weinglas auf einen Blechdeckel stellen, erst randvoll mit trockenen Erbsen und dann bis zum Rand mit Wasser füllen.

Schon nach kurzer Zeit wächst der Erbsenberg höher, weil die Erbsen quellen und sich dadurch vergrößern.

Irgendwann einmal fällt die erste Erbse vom Berg und macht „Pling", wenn sie auf dem Blechdeckel landet. So beginnt ein stundenlanger Gespensterlärm von herab fallenden Erbsen: Pling – Pling – Pling!

Immer wieder Wasser nachfüllen, um die Maschine weiter in Gang zu halten.

ERBSENSPRENGUNG

Diese Aktion zeigt Kindern die enorme Kraft eines keimenden Erbsensamens. Auch hier wirkt die osmotische Kraft: Das Wasser durchdringt den porösen Gips, wandert von Zelle zu Zelle durch die halbdurchlässigen Zellwände der Erbsen und erhöht dabei den Druck in den Zellen, der schließlich den Block zerbrechen lässt.

Alter: ab 4 Jahren
Material: trockene Erbsen, kleine Gefäße (z.B. leere Aluminiumschalen von Teelichtern), Gips (Moltofill außen), Wasser, Teller

Gips laut Anleitung anrühren (Hinweis: Erst das Wasser in die Schüssel geben, dann vorsichtig den Gips dazurühren!)
Die vorbereiteten Schälchen mit Gips füllen.
Wenn die Masse gerade noch (!) weich ist, ein paar trockene Erbsen hinein geben. Sie müssen ganz mit Gips bedeckt sein.

Wenn der Block ganz hart ist, im Ganzen aus dem Schälchen heraus klopfen und auf einen Teller mit Wasser legen.

Was passiert?
Der Block wird sich nach und nach mit Wasser voll saugen.
Spätestens nach 3 Tagen beginnen die Erbsen im Inneren zu quellen, vergrößern sich und sprengen den Gips in einzelne Teile.

Variante als Wettspiel

Jedes Kind kennzeichnet sich „seine" Erbsen-Schale. Welche Schale bricht als erstes durch den Gips?

GIPSHAND

Die Kinder fühlen Erbsenkräfte nach.

Alter: ab 4 Jahren
Material: Toilettenpapier, Gummiringe

Die Kinder verbinden sich gegenseitig eine geschlossene Faust dick mit Toilettenpapier. Wenn die Faust schön dick verpackt ist, wird das Ende mittels Gummiring am Handgelenk fixiert.
Das eingegipste Kind soll ausschließlich (!) durch Öffnen der Faust den Verband sprengen.
Das ist gar nicht so einfach – die andere Hand darf nicht mithelfen.
Danach werden die Rollen getauscht.

1 Tag später

2 Tage später

5 Tage später

SO WÄCHST DIE ERBSE!

In dieser Aktion verfolgen die Kinder genau die Erbse bei ihrer Keimung.

Alter: ab 4 Jahren
Material: trockene Erbse, Marmeladeglas, dunkles Löschpapier, Wasser

Ein Löschpapierblatt zusammenrollen und in ein Marmeladenglas geben, sodass es an der Wand anliegt. Die Erbse zwischen Glaswand und Papier schieben.
Das Glas zu einem Drittel mit Wasser füllen, sodass die Erbse nicht im Wasser ist, aber das Wasser über das Löschpapier zu ihr gelangt.

Was passiert?
Der Erbsensame quillt ungefähr 2 Tage, bildet nach ca. 3 Tagen die erste Keimwurzel und lässt nach 5–6 Tagen schließlich die Keimblätter hervortreten.
Die Erbse wächst so schnell, dass nach einer guten Woche ein Trieb mit ersten Blättern und Ranken aus dem Glas sprießt.
Im Marmeladenglas wird die Erbse höchstens 20 cm lang und stirbt dann ab. Umgepflanzt in einen Blumentopf mit Erde kann sie noch zu einer richtig großen Erbsenpflanze heranwachsen.

DIE MAGISCHE GREIFHAND

Jedes Erbsenblatt besteht aus zwei großen Nebenblättern, zwei bis drei Paar Fiederblättern und am Ende aus einer Ranke. Die Ranke ist für die Erbse ganz wichtig. Diese kann sich korkenzieherartig zusammenziehen und so den eigenen Stängel dicht an die Stütze heranholen. Die Ranke berührt die gefundene Stütze zuerst wie mit weit gespreizten und ausgestreckten Fingerspitzen und zieht sie dann genau so heran, wie wenn wir unsere Greifhand schließen würden. Es gibt moderne Sorten, die blattarm und sehr niedrig wachsen, z.B. Futtererbsen, die auf Feldern angebaut werden. Sie haben stark entwickelte Greiforgane und können sich so gegenseitig selber stützen.

ENTWIRREN

Wie bei der modernen Erbsenpflanze greifen verschiedene „Hände" aneinander und bilden so einen kräftigen Knoten – gelingt es diesen zu entwirren?

Alter: ab 4 Jahren

Die Kinder stellen sich eng zusammen, schließen die Augen, heben die Arme und greifen (blind) mit ihren Händen nach einer anderen Hand. Hat jede Greifhand eine andere Greifhand gefunden, dürfen sie die Augen wieder öffnen.
Nun heißt es die „Knoten" zu entwirren, denn zum Schluss sollten alle Kinder Hände haltend einen Kreis bilden. Sie dürfen auch verkehrt herum stehen.
Manchmal sind die Knoten auch nicht mehr zu entwirren.

FUTTERERBSENRANKE

Alter: ab 4 Jahren

Ein Kind wird zu einer Futtererbsenpflanze erwählt. Es steht mit geschlossenen Augen in der Mitte des Raumes.
Die anderen Kinder schließen ebenfalls die Augen, dürfen sich aber im Raum vorsichtig frei bewegen. Das Erbsenkind versucht mit ausgestreckten Armen nach anderen Kindern zu greifen. Hat es eines erwischt, wird dieses ebenfalls zu einer Erbsenpflanze, die nach weiteren Kindern greifen darf.
Die Futtererbsenpflanzen werden dadurch immer mehr und hängen alle zusammen wie in einem Erbsenfeld.
Das letzte frei bewegliche Kind ist Sieger bzw. Siegerin!

VON ZUCKER- UND ZAUBERSCHOTEN

Erbsen blühen (je nach Aussaat) meist im Mai in rosa bis weiß. Aus jeder Blüte entwickelt sich eine Schote. Erbsen schmecken am besten frisch aus der Schote. Es gibt einen idealen Reifezustand, bei dem die Erbsen schon eine gewisse Größe haben, trotzdem aber noch süß und nicht mehlig sind. Dieser Reifegrad kann am besten durch Schotenbefühlen ermessen werden und dauert nur wenige Tage an.
Es gibt aber auch Erbsensorten, die mit der Schote gegessen werden – die Zuckerschoten- und die Knackerbse. Ihren Schoten fehlt nämlich das ziemlich zähe Pergamenthäutchen.
Jede Schote enthält bis zu acht Erbsensamen. Ganz selten ist noch eine Neunte zu finden. Weil danach wirklich gesucht werden muss, wurden solche Schoten früher als „Zauberschote" gedeutet: Sie sollte Glück bringen und ein Mittel sein, Hexen zu erkennen.

SCHOTENFÜHLUNG

Kinder erfühlen den optimalen Reifezustand!

Alter: ab 5 Jahren
Material: Schoten tragende Erbsenpflanzen

Die Kinder gehen auf „Tuchfühlung" mit den Schoten ihrer Erbsenpflanzen.
- Schoten, die sich ganz dünn anfühlen, lassen sie stehen. Sie sind noch zu jung.
- Prall gefüllte Schoten sind wahrscheinlich schon mit mehligen und nicht mehr süßen Erbsen gefüllt.

Die ideale Zwischenform können die Kinder sicher erfühlen und erschmecken!

SCHMECKEN

ZUCKERSCHOTENGEMÜSE

Zutaten: Zuckerschoten, Butter, Salz, etwas Petersilie, Kartoffeln, Nudeln oder Reis

Die Zuckerschoten kurz in etwas Butter dünsten, mit Salz und Petersilie mischen. Zusammen mit Reis, Nudeln oder Kartoffeln sind sie eine feine schnelle Speise!

SUCHSPIEL

ZAUBERSCHOTENSUCHE

Erbsenschoten enthülsen macht besonders Spaß, wenn es auf Zauberschotensuche geht! Insbesondere kleine Kinder zählen gerne!

Alter: ab 3 Jahren
Material: eine Menge Erbsenschoten

Die Kinder bekommen einen Berg Erbsenschoten, den sie enthülsen dürfen.
Sie zählen, wie viele Erbsen sich jeweils in den Schoten befinden.
Ist eine Zauberschote mit 9 Erbsensamen dabei?
Wer sie entdeckt, hat Glück und darf sich etwas wünschen …

GESCHICKLICHKEITSSPIEL

ERBSENTRANSPORT

Ein lustiges Spiel, das sowohl Geschicklichkeit als auch Geduld erfordert.

Alter: ab 4 Jahren
Material: pro Kind 2 kleine Untertassen, 1 Hand voll frische Erbsen und 2 Holzstäbchen (am besten chinesische Essstäbchen)

Jedes Kind hat vor sich in gleichem Abstand zwei Untertassen stehen und schüttet jeweils auf eine der beiden Untertassen eine Hand voll frischer Erbsen. (Trockenerbsen sind schwieriger zu transportieren!)

Aufgabe ist es, die Erbsen mittels Stäbchen von der einen zur anderen Untertasse zu befördern. Wer das am schnellsten schafft (ohne die Finger zu Hilfe zu nehmen!) hat gewonnen!

Variante: Erbsensaugen

Statt den Stäbchen verwenden Kinder Trinkstrohhalme, mit denen sie die Erbsen von einer Tasse zur anderen saugen müssen.

Die eingebildete Schote

(Leonore Geißelbrecht-Taferner)

Es war einmal eine kleine gewöhnliche Erbse.

Wie alle gewöhnlichen Erbsen keimte sie eines Tages und bildete viele Blätter und Blüten. Sie wuchs zu einer schönen großen Erbsenpflanze heran. Mit der Zeit verwandelten sich ihre Blüten wie gewöhnlich in Schoten. Aber eine davon war eine ganz besondere Schote. Sie ließ sich nämlich mit einem Reißverschluss öffnen und schließen.

Diese Schote war sehr stolz und eingebildet. So sagte sie zu den anderen Schoten: „Wenn meine Erbsen reif sind, öffne ich meinen Reißverschluss und lasse sie hinaus. Ist aber eine Erbse dabei, die noch nicht dick und reif genug ist, mache ich meinen Reißverschluss gleich wieder zu. Das könnt ihr nicht! Hähä!"

Die anderen waren wütend auf diese eingebildete Schote, die sich so aufplusterte wie ein Hahn. Sie mussten jedoch einsehen, dass so ein Reißverschluss wirklich praktisch ist. So plagten sie sich Tag für Tag, es ihr gleichzutun, aber es ging nicht. Die Schoten wurden immer größer und größer, aber ein Reißverschluss wuchs ihnen nicht. Die Schoten wurden immer dicker und dicker, aber ein Reißverschluss wuchs ihnen noch immer nicht.

An einem schönen Sommertag war es dann soweit: Eine Schote nach der anderen platzte auf und ließ alle ihre Erbsen – ob groß oder klein – auf die Erde fallen. Die eingebildete Schote öffnete ihren Reißverschluss nur ein kleines Stück und ließ nur die reifste Erbse fallen. Dabei grinste sie hämisch zu den anderen Schoten, während sie ihren Reißverschluss wieder zu machte.

Am nächsten Tag öffnete sie den Reißverschluss ein Stück weiter und ließ zwei reife Erbsen herausfallen. Als noch eine Erbse, die der eingebildeten Schote aber noch nicht dick und reif genug war, unbedingt heraus wollte, zog sie schnell an ihrem Reißverschluss – aber es ging nicht ... er steckte fest!

So sehr sie auch hin und her rüttelte, es regte sich nichts. Der Reißverschluss ging weder auf noch zu.

Als die Erbsen der anderen Schoten auch noch anfingen zu kichern, obwohl es gar keine Kichererbsen waren, ärgerte sich die eingebildete Schote grün und blau. Die eine Erbse schaffte es noch gerade, herauszukommen. Die anderen Erbsen mussten aber jämmerlich in der eingebildeten Schote verkümmern! Seitdem wurde niemals mehr eine Schote mit Reißverschluss gesehen! – Oder?

ERBSENSTREUUNGEN

Werden Erbsen nicht von Hand enthülst, können sie auch in den Schoten verbleiben, bis sie gelb und trocken sind. Verkehrt aufgehängte Erbsenpflanzen streuen die Erbsen von alleine aus den Schoten. Dann können sie zwar nicht mehr roh gegessen werden, aber die Grundlage für Erbsensuppe oder Saatgut für das nächste Jahr sein.

Gut getrocknete Erbsensamen halten sich mindestens 3 Jahre lang und keimen im zweiten Jahr sogar noch besser als im ersten. Außerdem lässt sich mit getrockneten Erbsen wunderbar spielen. Wenn statt der teuren Saaterbsen Futtererbsen verwendet werden, ist das noch dazu billiges Spielmaterial.

SPIEL

ERBSENBLASEN

Alter: ab 3 Jahren
Material: einige Trockenerbsen, 1 großer Karton, Streichhölzer oder dicke Wollfäden, Klebstoff, Trinkhalme

Auf einem großen Karton legen und kleben die Kinder gemeinsam aus Streichhölzern oder Wollfäden eine Straße mit Kurven und geraden Streckenteilen.

Ein Kind bläst die Erbse mittels Trinkhalm durch diese Straße, ohne die Randmarkierung (Streichholz, Wollfaden) zu berühren.
Wer den Randstreifen berührt, legt seine Erbse an den Straßenrand und startet erst in der nächsten Runde wieder von dieser Stelle.
Das nächste Kind startet …
Die Erbse, die am schnellsten am Ziel ankommt, darf beim nächsten Mal als Nummer 1 starten.

ERBSENBLASEN DURCH EINEN IRRGARTEN

Material: wie oben, zusätzlich evtl. 1 Stoppuhr

Die Kinder gestalten statt einer Straße einen Irrgarten.
Diesmal dürfen die Erbsen beim Erbsenblasen die Wände berühren, denn es gewinnt, wer seine Erbse in der kürzesten Zeit durchgefunden bzw. durchgeblasen hat!

BEWEGUNGSSPIEL

ERBSENHINDERNISLAUF

Alter: ab 5 Jahren
Material: viele Trockenerbsen, Hindernisse, Stoppuhr, pro Gruppe 2 Esslöffel und 2 Eimer

Einen kleinen Hindernislauf aufbauen.
Die Kinder teilen sich in 2 Gruppen auf und befördern in einer Staffel mit Hilfe eines Löffels möglichst schnell möglichst viele Erbsen von einem Eimer in den anderen.
Es darf dabei keine Erbse verloren gehen. Fällt eine Erbse herunter, muss das Kind die ganze Ladung wieder zurückbringen.
Riskante SpielerInnen füllen den Löffel ganz voll, Vorsichtige gehen öfter und verlieren dadurch weniger Erbsen …

VON DER STEINZEITERBSE ZUR NASENERBSE

Erbsen wurden und werden noch immer und überall gern gegessen. Schon seit 10.000 Jahren gehören Erbsen zu den wichtigsten Nahrungsmitteln der Menschen, früher vor allem als haltbare und Kraft gebende Winternahrung.

Erbsen schmecken sowohl roh als auch gekocht. Sie enthalten viele Vitamine und sind richtige Eiweißspender.

Wegen ihrer netten Form und Größe sind sie auch bei Kindern so beliebt. Schon Kleinkinder können mit der Erbse ganz toll den Pinzettengriff trainieren und sie aus dem übrigen Essen herauspicken.

Aber wichtig: Immer in den Mund und nicht in die Nase stecken, wie es einst die kleine Lisabet in Astrid Lindgrens Buch „Madita" machte. Besonders gefährlich kann das bei Trockenerbsen sein, die in der Nase aufquellen und dann feststecken.

SCHMECKEN & SPASS

CHINESISCHER ERBSENSALAT

Geschicklichkeitsübung, Spaß und Genuss in einem!

Alter: ab 5 Jahren
Material: Essstäbchen
Zutaten: 200 g zarte junge Gartenerbsen (oder 1 Päckchen Tiefkühlerbsen), $1/16$ l Sahne, $1/16$ l Öl, 1 Zwiebel, Saft einer Zitrone, Petersilie, Salz, Zucker

Sahne und Öl in gleichen Teilen durcheinander rühren und eine fein gehackte Zwiebel dazugeben. Diese Mischung mit Zitronensaft, Salz und Zucker würzen.

Erbsen und klein geschnittene Petersilie dazugeben.

Und nun kommt die Herausforderung – die Kinder essen den Salat mit Stäbchen.

Noch lustiger wird diese Geschicklichkeitsübung, wenn sich die Kinder reihum gegenseitig füttern!

Variante

Jedes Kind bekommt eine Gabel (mit spitzen Zinken).

Wer schafft es, die meisten Erbsen darauf aufzuspießen?

Es entsteht dabei ein richtiger Erbsenteppich, der einfach wunderbar schmeckt!

SCHMECKEN & SPASS

ERBSEN-THUNFISCH-KRÄCKER

Ein Rezept, das Kinder alleine bewältigen können und ihnen garantiert auch schmeckt!

Zutaten: frische Gartenerbsen (oder ein Päckchen Tiefkühlerbsen), 1 Dose Thunfisch, 2 EL Creme fraiche, Paprikapulver, Salz, 1 Packung Kräcker, 1 Karotte

Die Kinder zerteilen den Thunfisch mit einer Gabel und fügen die Erbsen hinzu.

Sie geben 2 EL Creme fraiche zu der Erbsen-Thunfischmischung und schmecken alles mit Paprikapulver und Salz ab.

Auf jeden Kräcker häufeln sie einen Löffel Thunfisch-Erbsencreme und verzieren das Ganze mit einer Karottenscheibe.

RISIPISI, HISIPISI, PASTAPISI

Das ist keine japanische Speise, sondern eine Abkürzung für Reis, Hirse und Nudeln mit Erbsen.

Zutaten: frische Gartenerbsen, Reis, Hirse oder Nudeln, Butter, Salz, Parmesan

Die Zubereitung ist einfach: Reis (Hirse oder Nudeln) und Erbsen noch heiß mit Butter mischen, salzen und mit Parmesan bestreuen.
Das Schönste an diesem Gericht ist, dass es sich so abwechslungsreich aufessen lässt:
Die Kinder picken die Erbsen wie Vögelchen heraus oder doch lieber zuerst den Reis (die Hirse) und setzen als Krönung ein Hügelchen Erbsen obenauf!
Bei „PastaPisi" sorgt die Auswahl der richtigen Nudelform für Abwechslung. Da gibt es Nudeln als große Hörnchen, in denen sich Erbsen richtig schön verstecken können. Das Heraussaugen macht besonders viel Spaß! Andere wiederum, z.B. Orechiette, sehen aus wie kleine Erbsenteller oder -schiffchen …

BUTTERERBSENRUTSCHE

Ein einfaches Wärmeleiter-Experiment und zugleich ein spannendes Wettspiel, vielleicht in Verbindung mit einem Erbsenessen.

Material: Butter, Erbsen, Löffel aus unterschiedlichen Materialien (Holz, Plastik, Porzellan, Aluminium, Edelstahl, Silber), Topf, heißes Wasser

Die Spielleitung bereitet einen Topf mit heißem Wasser (zu $1/3$ gefüllt) vor und bietet den Kindern eine Auswahl von Löffeln aus unterschiedlichstem Material an. Alle Löffel sind auf gleicher Höhe am Griff mit einem Kreuz (Startpunkt) markiert.

Jedes Kind sucht sich einen Löffel aus, von dem es glaubt, dass er als beste Erbsenrutsche funktioniert. Welches Material leitet die Wärme gut? Das ist hier die Frage!
Um das herauszufinden, kommt auf jeden Löffel auf die Markierung ein Butterkügelchen, in das die Kinder eine Erbse hineindrücken.
Auf das Zeichen der Spielleitung stellen sie gleichzeitig ihre Löffel nebeneinander in den Topf. Auf welchem Löffel schmilzt die Butter zuerst und lässt die Erbse hinunterrutschen?
Nach wenigen Minuten wissen es alle!

DAS PUPS-LIED

Text und Musik: Jürgen Geißelbrecht

Sanf - te Win - de warm und lin - de, schlei - chen aus dem Po.
Manch - mal lach ich, manch - mal mach ich nur zum Spaß 'nen Pups.

Refrain

Manch - mal kneift es, manch - mal pfeift es, doch dann sing ich so: Je - des
Schimpft dann ei - ner „Hör mal, Klei - ner!", sa - ge ich nur „Ups!"

Böhn - chen gibt ein Tön - chen, auch von Erb - sen kann man sterb - sen. Je - des

Böhn - chen gibt ein Tön - chen, auch von Lin - sen kann man hin sein.

Hinweis: Den Kindern wird es großen Spaß machen, in die Pausen – hoffentlich mit dem Mund! – einen kleinen „Pups" zu machen oder das Lied mit einem kleinem Pups-Vorspiel zu beginnen …

GESCHICKLICHKEITSSSPIEL & BASTELN

RAUBTIERFÜTTERUNG

Alter: ab 4 Jahren
Material: Trockenerbsen, Pappteller, Filzstifte, Schere, Tonpapier, Papiertüten (Obstnetz), Kleber, Klebestreifen

Die Kinder verwandeln Pappteller mithilfe von Filzstiften, Schere und Tonpapier zu wilden Raubtieren mit weit aufgerissenen Mäulern. Hinter das offene Maul kleben sie eine Papiertüte. Für die Fütterung werden die Raubtiere in Kinderkopfhöhe aufgehängt.
Die Kinder stellen sich ausgestattet mit Futter in gleichem Abstand vor ihrem Tier auf und füttern es, indem sie mit Erbsen ins Maul zielen.
Nach einer bestimmten Zeit wird ausgezählt – welches Kind hat das gefräßigste Raubtier?

ERBSENFÜHLUNGEN

Kaum zu glauben:
Echte Prinzessinnen spüren eine einzige Erbse durch zwanzig Matratzen und zwanzig Eiderdaunendecken. Sie bekommen sogar blaue Flecken davon.
Die Heinzelmännchen wurden einst mit Erbsen vertrieben.
„Auf Erbsen knien" war früher eine gängige Bestrafungsmethode.
Kommen Erbsen von oben oder von der Seite, soll das nur Gutes bringen.
Mit Erbsen überschüttete Bräute sollen bald viele Kinder bekommen!
Und in Schwaben liefen früher die Jugendlichen an den Adventsdonnerstagen von Haus zu Haus, um die baldige Ankunft des Heilands durch Erbsenwerfen ans Fenster und frohe Lieder zu verkünden. Solche Nächte wurden „Klöpfleinsnächte" genannt.

Heinzelmännchens Flucht vor den gestreuten Erbsen

Einst waren die Heinzelmännchen in Köln ganz liebe Kerle, die in der Nacht heimlich die Arbeit für den Bäcker, den Fleischer, die Zimmerleute, den Schneider und noch für viele andere Handwerker machten, sodass diese den lieben langen Tag auf der faulen Haut liegen konnten.
Eines Tages hielt es die neugierige Frau des Schneiders nicht mehr aus. Sie wollte unbedingt wissen, wer bei ihnen in der Nacht so fleißig werkte. Und was tat sie? Sie streute Erbsen!
Als in der nächsten Nacht die Heinzelmännchen kamen, rutschten die armen Kerle auf den Erbsen aus, fielen hin und purzelten durcheinander.
Daraufhin waren sie so beleidigt, dass sie für immer aus Köln verschwanden und nie mehr bei den Menschen aufgetaucht sind. Der Schneider und alle anderen Handwerker müssen seither
ihre Arbeit wieder selber verrichten.

FÜHLEN & SPIEL
HEINZELMÄNNCHENSPIEL

In dieser Aktion fühlen sich die Kinder wie einst die Heinzelmännchen.

Alter: ab 3 Jahren
Material: Trockenerbsen (ersatzweise kleine Bohnen), einige Schuhkartons (so viele wie Kinder), großer Raum

In einem großen Raum streut die Spielleitung eine Menge Trockenerbsen aus. An einer Seite steht für jedes Kind ein leerer Karton bereit.
Die Kinder ziehen Schuhe und Strümpfe aus und stellen sich auf einer Seite in einer Reihe auf. Auf ein Zeichen laufen sie barfüßig durch den Raum und sammeln nur mit den Füßen (!) die Erbsen ein. An den Füßen der Kinder werden mehr oder weniger viele Erbsen kleben bleiben, die sie am Ziel angelangt in ihren Karton abstreifen.
Nach einiger Zeit wird gezählt: Das Kind mit den meisten Erbsen wird zum Heinzelmann des Tages ernannt!
Hinweis: Spielen Kinder unterschiedlichen Alters miteinander, wird die Fußgröße natürlich mit einberechnet!

Variante: Erbsenstaubsauger

Eignet sich gut als Abschlussspiel, denn gleichzeitig wird der Raum sauber „gefegt"!

Jedes Kind bekommt einen Schuhkarton in die Hand. Auf Kommando der Spielleitung sammeln die Kinder mit den nackten Füßen die Erbsen in den Karton (Hände dürfen nicht verwendet werden!). Das Spiel ist beendet, wenn die letzte Erbse im Raum „aufgesaugt" ist.
Wieder gewinnt das Kind mit den meisten Erbsen im Karton.

Variante: Nicht die Erbse berühren

Die Kinder dürfen bei der Durchquerung des Raumes keine Erbse berühren.

FÜHLEN & SPIEL
ERBSE IM SCHUH

Alter: ab 5 Jahren
Material: Trockenerbsen

Ein Kind verlässt den Raum. Inzwischen verteilt die Spielleitung an einige Kinder Erbsen, die sie in ihren Schuhen verstecken.
Das Kind darf nun wieder hereinkommen und muss herausfinden, wer von den anderen eine oder mehrere Erbsen im Schuh hat. Dazu lässt es die Kinder ein bisschen herumgehen, tanzen oder hüpfen …
Nach einer bestimmten Zeit muss es sagen, von wem es glaubt, dass es Erbsen im Schuh hat oder nicht.

FÜHLEN
ERBSENPRINZESSIN

Alter: ab 3 Jahren
Material: Trockenerbsen, Decke

Die Spielleitung breitet eine Decke aus und versteckt darunter 1 Trockenerbse.
Das erste Kind legt sich auf die Decke und rollt so lange darauf, bis es meint die Erbse zu fühlen. – Jetzt wird geprüft, ob es wirklich ein Erbsenprinz oder Erbsenprinzessin ist.
Das nächste Kind ist an der Reihe …

ERBSENROLLEN

Erbsen können auch mit der Nase gerollt werden. Bei diesem Spiel gibt es sogar schon Weltrekorde: Ein gewisser Ludwig Otte aus Nordwald rollte in 11 Stunden eine Erbse mit der Nase über eine Rekorddistanz von 3,5 km. Helen McDonald aus Großbritannien schaffte hingegen einen Geschwindigkeitsrekord. Sie rollte ihre Erbse fast 100 m in viereinhalb Minuten. Letzterer Bewerb ist für Kinder sicher lustiger!

Alter: ab 5 Jahren
Material: frische Erbsen

Die Kinder rollen eine Erbse mit der Nase möglichst schnell über eine gewisse Distanz.
Jeweils 2 bis 4 Kinder treten gegeneinander an. Wer gewonnen hat, steigt in die nächste Runde auf.

KLÖPFLEINSSPIEL

Wie viel Erbsen haben angeklopft?

Alter: ab 6 Jahren
Material: Trockenerbsen, Türe oder großer fester Karton

Die Spielleitung sitzt hinter einer Türe (oder einem frei im Raum stehenden großen Karton) und wirft eine jeweils verschieden große Anzahl an Trockenerbsen (z.B. 1, 2, 5, 10, 30, 50, 100) dagegen.
Die Kinder sitzen vor der Türe und raten die Anzahl der „Anklopfer".
Das Kind, das der Zahl am nächsten ist, darf als Nächstes die Erbsen klopfen lassen.

ÄRPSEN

Bei den Ärpsen handelt es sich um eine ganz spezielle Sorte, die nur mit viel Fantasie zu bekommen ist.
Die Samen sind entweder durchlöchert und von giftgelber Farbe, haben blaue Punkte mit violetten Streifen oder sehen auch völlig anders aus. Sie dürfen erst im Dezember in Schneehöhlen ausgesät und zu Ostern geerntet werden oder auch nicht. Und sie schmecken nach Krötenschleim oder Knödel mit Ei oder auch nach ...!

ÄRPSENTRÄUME

Erbsen träumen davon, nicht immer nur gewöhnliche Erbsen zu sein. Hier dürfen Kinder ihrer Fantasie freien Lauf lassen.

Alter: ab 6 Jahren
Material: Papier, Zirkel, Stifte oder Malfarben (besonders in erbsengrüner Farbe)

Auf einem großen weißen Papier mit einem Zirkel Kreise gleicher Größe zeichnen. Das sind nun die Umrisse der Traumerbsen.
Die Kinder gestalten diese Erbsen individuell, z.B.: eine Fußballerbse, eine Erbse mit Reißverschluss oder Pudelmütze, eine Kaktuserbse, ein Erbsenbonbon oder eine Erbsennote ...

Variante: 3-dimensionale Traumerbsen

Mit grün angemalten Styroporkugeln werden noch größere Erbsenträume wahr. Verschiedenste Materialien aus Natur (z.B. Samen, Dornen) und Werkstatt (Nägel, Schnüre, Stoffe, Folien) finden hier zusätzlich zu Bastelfarben (Plaka) Verwendung.

KUNST & FANTASIE

ÄRPSENGALERIE

Die Kinder gestalten die Kunst- und Kulturwelt mit Erbsen neu.

Alter: ab 5 Jahren
Material: Zeitschriften, Schere, Malfarben, Kleber

Die Kinder verändern berühmte Personen, Bilder oder Bauwerke durch Erbsen.
Dinge, die Erbsenform haben (also kugelig sind) eignen sich dafür, z.B.:
- Iglus als bewohnbare Erbse,
- die Erde als Planet mit erbsigen Lebewesen,
- die berühmte Mona Lisa bekommt Erbsenaugen,
- im „Erbst" fallen statt Äpfeln Erbsen von den Bäumen …

Es können aber auch ganz spitzen Dingen, z.B. Pyramiden, Kronen, … Erbsen aufgesetzt werden.

DIE ERBSEN-WUNDERWURZEL

Die Erbse verbessert auf wunderbare Weise den Gartenboden. Sie sammelt mit Hilfe der Wurzelknöllchen an ihren Wurzeln Stickstoff im Boden an, und das gar nicht so wenig! In den Knöllchen befinden sich Bakterien, die aus der Luft Stickstoff binden und ihn in den Wurzelknöllchen einlagern können. Dafür erhalten die Bakterien bestimmte Nährstoffe von den Erbsen und können sich dadurch kräftig vermehren.
Stickstoff ist sehr wichtig für den Boden und das nächste angebaute Gemüse wird besser wachsen können. Es ist deshalb wichtig, die Wurzeln der Erbsenpflanzen nach der Ernte im Boden zu lassen. Sie verrotten dort und geben die nötigen Nährstoffe ab.

Dali-Erbse

Pyramiden von Pizeh

Pointilistische Erbse

Mona Pisa

Erbse von Iglo

Pisomium

TIPPS UND TRICKS FÜR DEN EIGENEN GARTEN

Erbsen sind ein kinderleichtes Anbaugemüse:
Sie sind ganz einfach zu säen, weil sie große Samen haben, sie kommen schnell zu Schoten (und damit auch zu Erbsen) und sie können sogar in Töpfen auf dem Balkon gedeihen.

Hier ein paar Tipps:
- März bis Mitte Mai in ca. 5 cm tiefe Furchen und im Abstand von 3–4 cm Entfernung säen.
- Erbsen lieben die Nachbarschaft von Dill, Karotten, Kohl, Kohlrabi, Radieschen, Rettich und Tomaten. Aber Kartoffeln, Lauch, Knoblauch und Stangenbohnen vertragen sich nicht so gut mit ihnen.
- Erbsen keimen in der Erde nach 8–10 Tagen. Erbsenkeimlinge stehen auf dem Speisezettel der Vögel ganz oben, daher die Samen immer tief genug einlegen.
- Nach 3–4 Wochen wachsen den Erbsenpflänzchen die ersten Ranken. Sie benötigen dann eine Rankhilfe: Das können Gitter oder einfach in den Boden gesteckte Zweige sein. Die Pflänzchen ein bisschen mit Erde anhäufeln, damit sie noch besseren Halt bekommen.
- 6–8 Wochen nach der Aussaat werden Zuckererbsen geerntet, bei den anderen Sorten dauert es ein wenig länger.

GÄRTNEREI & SEHEN
DÜNGERKNÖLLCHEN

Kinder können eine tolle Einrichtung der Natur überprüfen.

Alter: ab 5 Jahren
Material: Erbsenpflanzen, kleiner Spaten

Die Kinder graben eine Erbsenpflanze aus und befreien die Wurzel vorsichtig von der Erde. Bei genauer Wurzelbetrachtung entdecken sie die Knöllchen. Sie müssen sich nun vorstellen, dass sich darin ganz viele Bakterien befinden (die für das menschliche Auge ohne optische Hilfsmittel leider unsichtbar sind).
Die Kinder können damit ihre Lieblingspflanze düngen, indem sie die Knöllchen ebendorthin vergraben.

GURKE
SAURE WASSERKEULE

Die Gurke ist das Sommergemüse – durstlöschend, leicht und fruchtig! Sie dient äußerlich der Schönheit, innerlich der Gesundheit und darüber hinaus lässt sich mit ihr wunderbar spielen und werken. Dabei gibt es längst nicht nur die faden geraden Gurken aus dem Supermarkt, sondern auch die originell schlangenförmigen aus dem Garten. Und schließlich noch die kleinen, die in Essig eingelegt auf keinem Wurstbrot fehlen dürfen ...

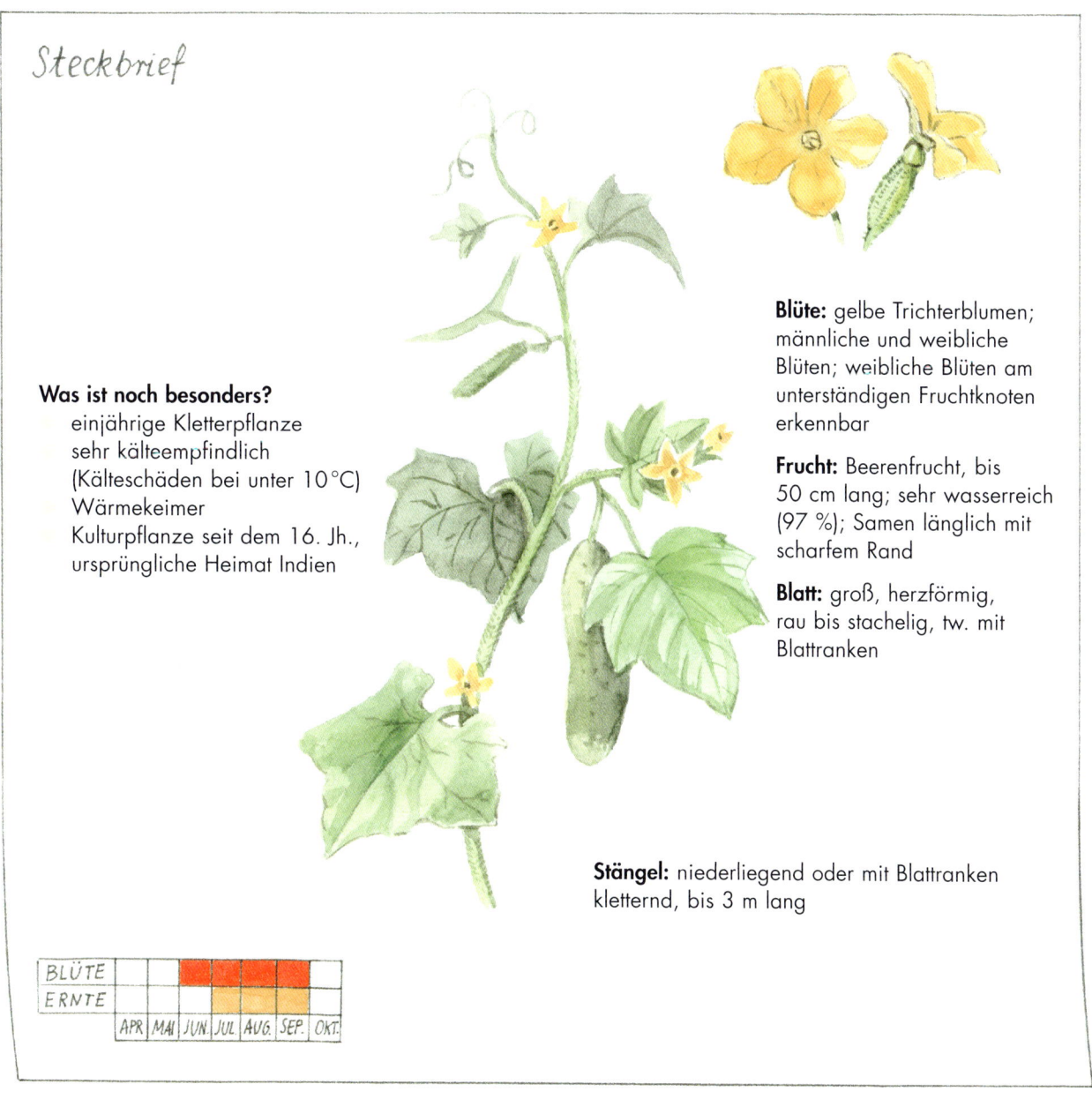

Steckbrief

Was ist noch besonders?
- einjährige Kletterpflanze
- sehr kälteempfindlich (Kälteschäden bei unter 10 °C)
- Wärmekeimer
- Kulturpflanze seit dem 16. Jh., ursprüngliche Heimat Indien

Blüte: gelbe Trichterblumen; männliche und weibliche Blüten; weibliche Blüten am unterständigen Fruchtknoten erkennbar

Frucht: Beerenfrucht, bis 50 cm lang; sehr wasserreich (97 %); Samen länglich mit scharfem Rand

Blatt: groß, herzförmig, rau bis stachelig, tw. mit Blattranken

Stängel: niederliegend oder mit Blattranken kletternd, bis 3 m lang

	APR	MAI	JUN.	JUL.	AUG.	SEP.	OKT.
BLÜTE			■	■	■		
ERNTE				■	■	■	

VON BITTEREN UND
SCHLANGENFÖRMIGEN URGURKEN

Gurken haben wahrscheinlich verschiedene Ursprünge:

Einerseits sind Gurken mit Melonen sehr nahe verwandt und Schlangenmelonen sind in der Form den heutigen Schlangengurken sehr ähnlich. Schlangenmelonen bauten bereits die Ägypter vor 3000 Jahren an. Ausgrabungen von Gefäßen in Schlangenmelonen-Form haben das bewiesen. Die Römer brachten sie schließlich nach Mitteleuropa.

Eine andere Urgurke hatte eine kugelig-eiförmige gelbe Frucht und war bitter. Mit der Zeit wurden länglichere und größere Formen ohne Bitterstoffe herausgezüchtet.

Gelb ist die Gurke noch immer, aber nur im reifen Zustand. Gurken werden (mit Ausnahme der Senfgurken) immer unreif und grün geerntet und gegessen.

Übrigens: Gurken lassen sich allerdings wieder verbittern, wenn sie an heißen Tagen mit kaltem Wasser gegossen werden.

GURKENSCHLANGE & CO

Gurken lassen sich aufgrund ihrer Weichheit leicht zu Kunstwerken schneiden. Da schmecken sie dann gleich noch besser!

Alter: ab 3–6 Jahren (je nach Objekt)
Material: Gurken in möglichst origineller Form (schlangenförmig, krumm ...), Zahnstocher, kleines Messer (es genügt ein normales Tafelmesser), Schneidbrett, evtl. Tomaten, Karotte
Hinweis: Die Kunstwerke sind im Kühlschrank maximal 3 Tage lang haltbar.

Die Kinder gestalten aus den Gurken – ausgestattet mit Messer und Zahnstochern – kleine Kunstwerke, die am Ende ein fantasievolles Gurkenbuffet dekorieren ...

Beispiele

Gurkenschlange

Schlangengurke verwenden. Augen und Zick-zack-Schlangenmuster in den Schlangenkörper einschnitzen. Den Mund einschneiden und darin eine zurechtgeschnittene Schlangenzunge aus einer Karotte oder Tomate mittels Zahnstocher feststecken.

Gurkenfrosch

Ein Viertel einer Freilandgurke (Endstück) aushöhlen und das Froschmaul einschneiden. Füße und Augen aus Gurkenresten zuschneiden und mit Zahnstochern befestigen.

Gurkenechse

Ein Drittel einer Freilandgurke (Mittelstück) verwenden und dessen unteres Drittel längs abschneiden. Oberen Teil grob aushöhlen sowie Maul mit Zähnen, Füßen und Schwanz ausschneiden.
Aus Gurkenresten Stielaugen schneiden und mit Zahnstochern an der Gurke feststecken.

Gurkenkaktus

Das können auch schon ganz kleine Kinder: Endstück einer Gurke verwenden und mit Zahnstochern bespicken. Der Kaktus sieht in einem Blumentopf mit (sauberem) Kies besonders echt aus.

Gurkenschiff

Das Mittelstück einer Gurke verwenden, oberes Drittel längs abschneiden und etwas aushöhlen. Segel aus einer Gurkenscheibe schneiden und mit einem Zahnstocher befestigen.

KRUMMGURKENKUNST

Material: krumme Gurken (die von Bauern oft fast verschenkt werden, im Supermarkt jedoch niemals zu haben sind!)

Durch Drehen und Wenden kommen die Ideen. Eine kleine Schnitzerei oder Veränderung reicht oft schon, um die Gurke in ein anderes Wesen zu verwandeln, z. B.: Mit einem eingeschnitzten Auge wird die Gurke zum Urtier, mit Flügeln zum Papagei, mit einer kleinen Aushöhlung und Verzierung zum Gurkenschuh …

BEWEGUNGSSPIEL
SCHLANGENLAUF MIT KNIEGURKEN

Alter: ab 5 Jahren
Material: 2 Gurken, Streckenmarkierung (Seile o. Ä.), evtl. Hindernisse

Die Spielleitung bereitet zwei eng schlangenförmige Laufstrecken mit Start und Ziel vor (durch Abstecken oder Markieren).
Die Kinder bilden zwei Gruppen und stellen sich hintereinander vor ihrer Startlinie auf.
Auf ein Zeichen klemmen die ersten beiden eine Gurke zwischen ihre Knie und laufen entlang der Strecke bis zum Ziel. Hier wird die Gurke in die Hand genommen und schnellstmöglich dem nächsten Kind am Start zurückgebracht. Wer seine Gurke unterwegs verliert, nimmt sie wieder auf, geht drei Schritte zurück und startet erneut.

Variante für ältere Kinder

Die Kinder müssen mit der Kniegurke noch zusätzliche Hindernisse überwinden.

WASSERSCHEIBEN FÜR DIE SCHÖNHEIT

Gurken bestehen zu ca. 98 %, also eigentlich fast nur aus Wasser. Außerdem enthalten sie besondere Stoffe, die der menschlichen Haut gut tun und die Durchblutung fördern, und das nicht nur bei Sonnenbrand.
Gurkenscheiben oder der ausgepresste Saft der Gurken verleihen der Haut neue Frische. Darum gibt es viele Hautpflegemittel, die Gurken beinhalten, z.B. Gurkenmilch, Gurkenmasken, Gurkenpomaden ...

SEHEN

GURKENPERLEN

Den Wasserreichtum einer Gurke sehen Kinder in dieser Aktion ganz deutlich.

Alter: ab 5 Jahren
Material: frische Gurke, Messer, Salz

Ein frisches Gurkenstück abschneiden und etwas stehen lassen.

Was passiert?
Nach kurzer Zeit schon „perlt" es aus der Gurke. Das Wasser, das aus der Gurke herausdrängt, sieht wirklich wie wunderschöne Perlen aus.
Eine mit Salz bestreute Gurke zeigt ebenfalls den großen Wasseranteil an. Das Salz entzieht der Gurke schon nach kurzer Zeit so viel Wasser, dass die Scheibe ganz nass erscheint.

FÜHLEN & SPIEL

GURKENWELLNESS

Ein Rollenspiel besonderer Art.

Alter: ab 3 Jahren
Material: Gurken, Gurkenschäler, Buttermilch, Topfen, Schaschlikstäbe, Teelöffel, Messer, Schneidbrett, Wasser, eventuell Ausstechformen

Die Kinder bauen verschiedene Wellness-Stationen (s. u.) auf.
Anschließend teilen sie sich in 2 Gruppen auf – in die Pflegenden und in die „Gepflegt-werden-Wollenden"! Nach einer bestimmten Zeit tauschen sie die Rollen.

Die Stationen können folgendermaßen aussehen:

„SCHÖNE HAUT"
Geschälte Gurkenscheiben und Gurkenmilch (ausgepresster Saft von Gurken mit Buttermilch und Topfen vermischt) für Gurkenmasken vorbereiten. Die Schönheitsmittel auf bestimmte Hautpartien (Gesicht, Arme oder Beine) auflegen oder aufstreichen.

„BESSER SEHEN"
Gurkenbrillen unterschiedlicher Größe, Form und „Stärke" basteln und für die „Schlechtsichtigen" vorbereiten, die zwischen den verschiedenen Modellen wählen dürfen. Die Brillen werden entsprechend angepasst.
Gurkenbrille: Gurke in ca. 1 cm dicke Scheiben schneiden, die Scheiben aushöhlen, mit Schaschlikstäben zusammenstecken.
Gurkenscheiben mit einem kleinen Sichtloch in der Mitte gelten als Kontaktlinsen und werden auf das Auge gelegt.

„TRINKHALLE"

Eine Bar mit verschiedenen Getränken in Gurkenbechern einrichten.

Gurkenbecher: Gurkenendstücke verwenden, am besten mit einem Teelöffel aushöhlen und verschiedene gesunde Getränke (Wasser, Gurkensaft, Tomatensaft, Karottensaft, …) einfüllen. Gurken verändern den Geschmack der Getränke nicht, die Gefäße sind auch noch am nächsten Tag wasserdicht.

„GURKENSOUVENIRSHOP"

Kostbare Kunstwerke für die Schönheit basteln und beim Rollenspiel anbieten, z.B. Gurkenketten, Gurkenblumen, Schatztruhen, Kerzenständer aus Gurken, …

Gurkenkette: Gurke in ca. 1 cm dicke Scheiben schneiden und das weiche Mark in der Mitte der Scheiben herausschneiden (schneller geht es mit einer runden Ausstechform), sodass eine Menge Ringe übrig bleibt. In jeden Ring einen Einschnitt machen und den Ring an der Stelle nur so weit öffnen, dass der nächste Ring gerade noch hindurchpasst. Alle Ringe zu einer Kette verbinden.

Gurkenblumen: Geschnitzte Gurkenblumen oder gerollte Gurkenscheiben auf Zahnstocher spießen.

Gurkenschatztruhe: Ein Viertel einer Gurke verwenden, Deckel einschneiden und etwas aushöhlen. Schloss und Schätze aus Gurkenresten basteln.

Kerzenständer: Ein Salatgurkenstück abschneiden, aufstellen und an der Oberseite etwas aushöhlen, sodass ein Teelicht darauf Platz findet. Gurkensäule verzieren (einschnitzen, ausstechen, Teile daran befestigen, …)

„DAS PFERD FRISST KEINEN GURKENSALAT" ABER …!

Das ist zwar keine große Neuigkeit, war aber im Jahr 1861 der allererste Satz an einem Telefon. Gurken als Salat oder in kalten Suppen schmecken in der Sommerzeit wunderbar, da sie so erfrischend und gleichzeitig gesund sind. Sie enthalten viel Vitamin A und E, Mineralstoffe und regen die Verdauung an.

Besonders wenn Gurken einmal anders als herkömmlich zubereitet werden, lassen sich sicher auch die begeistern, die es sonst den Pferden nachtun würden!

FANTASIEVOLLE GURKENREZEPTE

GURKENSUPPE

Zutaten: 500 ml Sauermilch, 1 Salatgurke, Dill, Knoblauch, Salz, Pfeffer

Die Gurke schälen, fein reiben und mit Sauermilch vermischen.
Fein gehackten Dill und Knoblauch, sowie Salz und Pfeffer nach Geschmack zugeben.
Über Nacht in den Kühlschrank stellen.

GURKENGEISTERSUPPE

Die Gurkensuppe wird im Handumdrehen zur Geistersuppe

Material: $^1/_2$ Salatgurke, Ausstechform, Messer, Schneidbrett, Zahnstocher

Für das Gesicht des Suppengeistes die Gurke in dicke Scheiben schneiden sowie Augen und Mund ausstechen. Flügel aus halben Gurkenscheiben mit Zahnstochern am Gesicht befestigen. Das Gesicht auf einem Gurkenendstück feststecken.

Die Gurkengeister in die Suppe stellen oder darin schwimmen lassen. Am besten an einem heißen Sommertag löffeln!

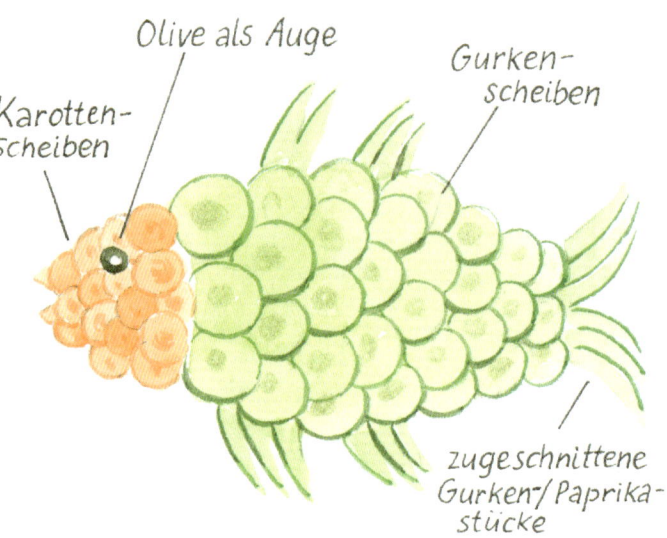

Olive als Auge
Karotten-scheiben
Gurken-scheiben
zugeschnittene Gurken-/Paprika-stücke

GURKENFISCH

Zutaten: 1 Salatgurke, 1 Karotte, Gurkenschäler, Gurkenhobel, Messer, 1 Olive, Essig, Öl, Salz

Die Gurke und die Karotte schälen und in Scheiben hobeln.
Den Fisch auf einer großen rechteckigen Platte durch schuppenartiges Übereinanderlegen zusammensetzen:
- den Fischkörper aus den Gurkenscheiben,
- den Fischkopf aus den Karottenscheiben.
Für das Fischauge eine Olive verwenden und die Flossen aus Gurkenresten zuschneiden.

Kurz vor dem Servieren den Fisch mit Essig und Öl beträufeln und etwas salzen.

GURKENROSE

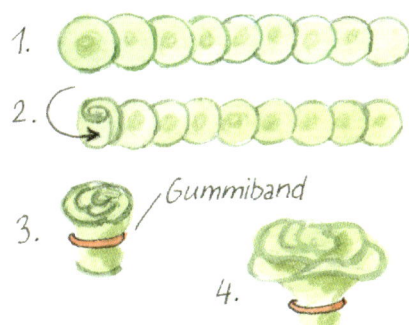

1.

2.

3. _Gummiband_

4.

GURKENROSENTEICH:

Die Suppe bildet hier den Teich, den die Kinder mit Teichrosen aus Gurken, Rettich oder roter Rübe verzieren.

Material: Salatgurke, Gurkenschäler, Gurkenhobel, Salz, Küchenrolle, Zahnstocher, Messer, eventuell Rettich, Tomate und rote Rübe

Für die **Gurkenrosen** die Gurke schälen und in Scheiben hobeln.

Die Scheiben mit Salz bestreuen und 10 Min. lang auf einer Seite liegen lassen. Die Scheiben werden dadurch entwässert und biegsam. Mit einer Küchenrolle trocken tupfen.

Die Scheiben in überschneidender Reihe zusammenlegen und von der obersten Scheibe her aufrollen.

Die Rolle mit der einen Hand halten, mit der anderen Hand einen Zahnstocher hineinstecken.

Damit die Rose gut im Teich schwimmen kann, am unteren Ende ein wenig abschneiden und die „Blütenblätter" vorsichtig auffächern.

Hinweis: Mit Rettich, Tomate oder roter Rübe lassen sich in gleicher Weise noch weiße bzw. rote Rosen zaubern, die den Teich besonders bunt erscheinen lassen.

SAURE GURKEN

Gurken werden als Saure Gurken haltbar gemacht und dienen so auch als Winterspeise. Dabei werden sie nach der Ernte gewaschen, in großen Holzfässern (heute in Plastik- oder Betonbehältern) in Salzlake eingelegt und durch Milchsäuregärung haltbar gemacht. Später werden sie in Gewürzlaken eingelegt. Bei den Essiggurken, die es in Gläsern eingelegt zu kaufen gibt, handelt es sich meist um Delikatessgurken. Sie dürfen sich aber nur so nennen, wenn sie zwischen 6 und 12 cm lang sind, gleichmäßig ausgefärbt sind und keine Bitterstoffe enthalten. Das Verhältnis Länge zu Breite muss 3:1 sein und an den Früchten dürfen nur sehr kleine Warzen und weiße Stacheln sein.

Die Zeit des Hochsommers, in der die meisten Leute Ferien machen und daher stille Geschäftszeit herrscht, wird unter Geschäftsleuten scherzhaft die „Sauregurkenzeit" genannt. Die Verbindung liegt darin, dass in diese Zeit auch das Angebot frisch eingelegter saurer Gurken fällt.

In Thüringen hängt eine saure Gurke gut versteckt sogar am Weihnachtsbaum, aber eine wunderschöne aus Glas. Derjenige, der die Gurke als erster findet, bekommt ein kleines extra Geschenk und darf anfangen, seine Geschenke zu öffnen. Diese Weihnachtsgurken-Tradition soll helfen, dem Weihnachtsbaum mit seinem Schmuck mehr Beachtung zu schenken.

Die Delikatessgurken
(Evamarie Taferner)

Nicht zu groß,
nicht zu klein
sollen sie sein,
nicht zu dick und zu dünn,
nicht zu gelb und zu grün,
nicht zu hart und zu kratzig,
dennoch nicht patzig.
Ja nicht verzogen,
gar krumm und gebogen,
auch nicht zu weich,
da faulen sie gleich!

Nikolaus und die Jungen aus dem Gurkenfass

(mittelalterliches Volksmärchen)

Drei spanische Internatsjungen machten auf dem Weg nach Hause in einer Herberge halt.
Der Herbergsvater war jedoch ein böser Mann. Er stahl den Jungen ihre Habe und stopfte alle drei in ein Gurkenfass.
An diesem Abend kehrte auch Sankt Nikolaus in diese Herberge ein, um sich auszuruhen. Er bemerkte die toten Knaben im Gurkenfass und erweckte sie wieder zum Leben, indem er mit
seinem Stab auf das Fass klopfte.
Seither ist es Tradition, eine Glasgurke im Baum zu verstecken, um sich an diese Begebenheit zu erinnern und sie zu feiern. Ursprünglich brachte nämlich St. Nikolaus den Weihnachtsbaum!

BASTELN
CHRISTBAUMGURKE

Alter: ab 3 Jahren
Material: Kleister, WC-Papier, Wasser, Gefäß, gurkengrüne Plakafarbe, Pinsel, gelbe Ölkreide, Klarlack (auf Wasserbasis), Nadel mit Goldfaden

Etwas Kleister nach Anleitung anrühren. WC-Papier fein zerreißen und ins Wasser geben. Kleine Bällchen formen und dabei das Wasser ausdrücken. Die Bällchen mit dem Kleister zu einem feinen Teig kneten.

Aus der Masse kleine Gurken formen und trocknen lassen. Mit grüner Plakafarbe bemalen und wieder trocknen lassen.
Damit die Gurke noch „echter" aussieht, mit gelber Ölkreide ein bisschen überstreichen.
Mit Klarlack überziehen und einen Goldfaden anbringen (Nadel durch das Ende der Gurke stechen).

Wer beim nächsten Weihnachtsfest diese gut getarnte Gurke im Christbaum findet, darf als Erster seine Geschenke auspacken!

SAUREGURKENZEIT

Da sich im Hochsommer allgemein wenig ereignet, wurde der Begriff „Sauregurkenzeit" auch vom Journalismus übernommen: In den nachrichtenarmen Wochen des Sommers werden die Seiten der Zeitungen häufiger als sonst mit nebensächlichen und kuriosen Meldungen gefüllt. Welche davon sind wirklich wahr?

Alter: ab 5 Jahren
Material: 2 Teppiche oder Matten,
2 Papierschilder (mit „Wahr" bzw. „Erlogen" beschriftet), selbst gemachte Zeitung mit kuriosen wahren und erlogenen Meldungen, Belohnung (Saure Drops o. Ä.)

Die Spielleitung legt 2 Teppiche auf, einen mit dem roten Schild „Erlogen", den anderen mit einem grünen Schild „Wahr".
Die Kinder lauschen kuriosen Meldungen, die die Spielleitung aus einer Zeitung vorliest. Manche davon sind erlogen, manche sind tatsächlich wahr.
Je nachdem, ob es ein Kind glaubt oder nicht, stellt es sich auf den einen oder den anderen Teppich. Nach jeder Frage gibt es für die richtig stehenden Kinder ein Bonbon.

Vorschläge für „Sauregurken- Meldungen"

Der Starkoch Paul Bocuse liebt das Zubereiten von Speisen mit Kichererbsen, weil sie beim Kochen ein kicherndes Geräusch verursachen. Er kichert nämlich selbst sehr gerne. (erlogen)
Ein berühmter Pianist hat sich unglücklicherweise sein Erbsenbein gebrochen. (wahr)
Neueste wissenschaftliche Erkenntnis aus London: 10 kg Essiggurken sind leichter als 10 kg Salatgurken. (erlogen)
In Israel wurde eine Kartoffel geerntet, die 15 kg hatte. Sie reichte aus, um 70 Personen satt zu machen, die eigens der Kartoffel zu Ehren ein Festmahl organisiert hatten. (wahr)

GURKENFLIEGER

Bei der Gurkenernte werden landwirtschaftliche Fahrzeuge verwendet – so genannte Gurkenflieger – die wie Segelflieger aussehen!
Sie bestehen aus einem Traktor, an dem links und rechts zwei lange flügelartige Plattformen aufgehängt sind, die über dem Boden schweben. Auf diesen Flügeln liegen ca. 30 Erntehelfer auf dem Bauch, pflücken mit der Hand die Gurken und legen sie auf ein Förderband. Das Förderband transportiert die Gurken zu einem Sammelbehälter. Der Gurkenflieger bewegt sich etwa einen Meter pro Minute, damit genügend Zeit zum Pflücken der reifen Früchte bleibt.
Die Arbeit auf dem Gurkenflieger ist sehr anstrengend und gewöhnungsbedürftig und wird bei uns häufig von ausländischen, osteuropäischen Saisonarbeitern erledigt.
Da wäre es doch bequemer, wenn es so wie bei Münchhausen auf der Sauren Gurkeninsel Essiggurkenbäume gäbe!

ESSIGGURKENFLIEGER

Alter: ab 3 Jahren
Material: Essiggurken, Zahnstocher

Für jeden Essiggurkenflieger 2 kleine und eine größere Essiggurke verwenden.
Die 2 kleinen Essiggurken bilden die Flügel, die Große den Flugzeugkörper.
Die Flugzeugteile mittels Zahnstochern miteinander verbinden.
Der Gurkenflieger darf auf diversen Wurst- und Käsebrötchen landen und wieder abheben.

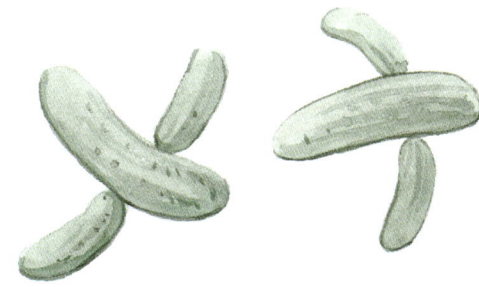

BEWEGUNGSSPIEL
GURKENERNTE

Ein spielerischer Einblick in die Mühen der Erntearbeit.

Alter: ab 3 Jahren
Material: Gummihandschuhe, kleine Gurken oder etwas Leckeres mit ähnlicher Form (z.B. Erdnuss-Snips, Fruchtgummi, grüne Bonbons), kleines Körbchen, Stoppuhr

Die Spielleitung bestückt eine (saubere!) Bodenstrecke möglichst gleichmäßig mit Gurken (Snips, ...).
Jeweils zwei Kinder machen Schubkarre (Gurkerlklauber + Gurkerlflieger).

Das Gurkerlklauberkind erntet auf Kommando der Spielleitung mit Gummihandschuhen während einer gestoppten Zeit (30 Sekunden) möglichst viele Gurken (Snips ...) und legt sie in ein Körbchen. Nach 30 Sekunden tauschen Gurkerlklauber und Gurkerlflieger. Anschließend zählen die beiden ihre Ernte.
Danach legt die Spielleitung eine neue Ernte auf und das nächste Paar darf „Gurken" ernten.
Der Gewinn ist natürlich die Ernte!

Variante: Die Mitspieler essen die „Gurken" gleich auf!

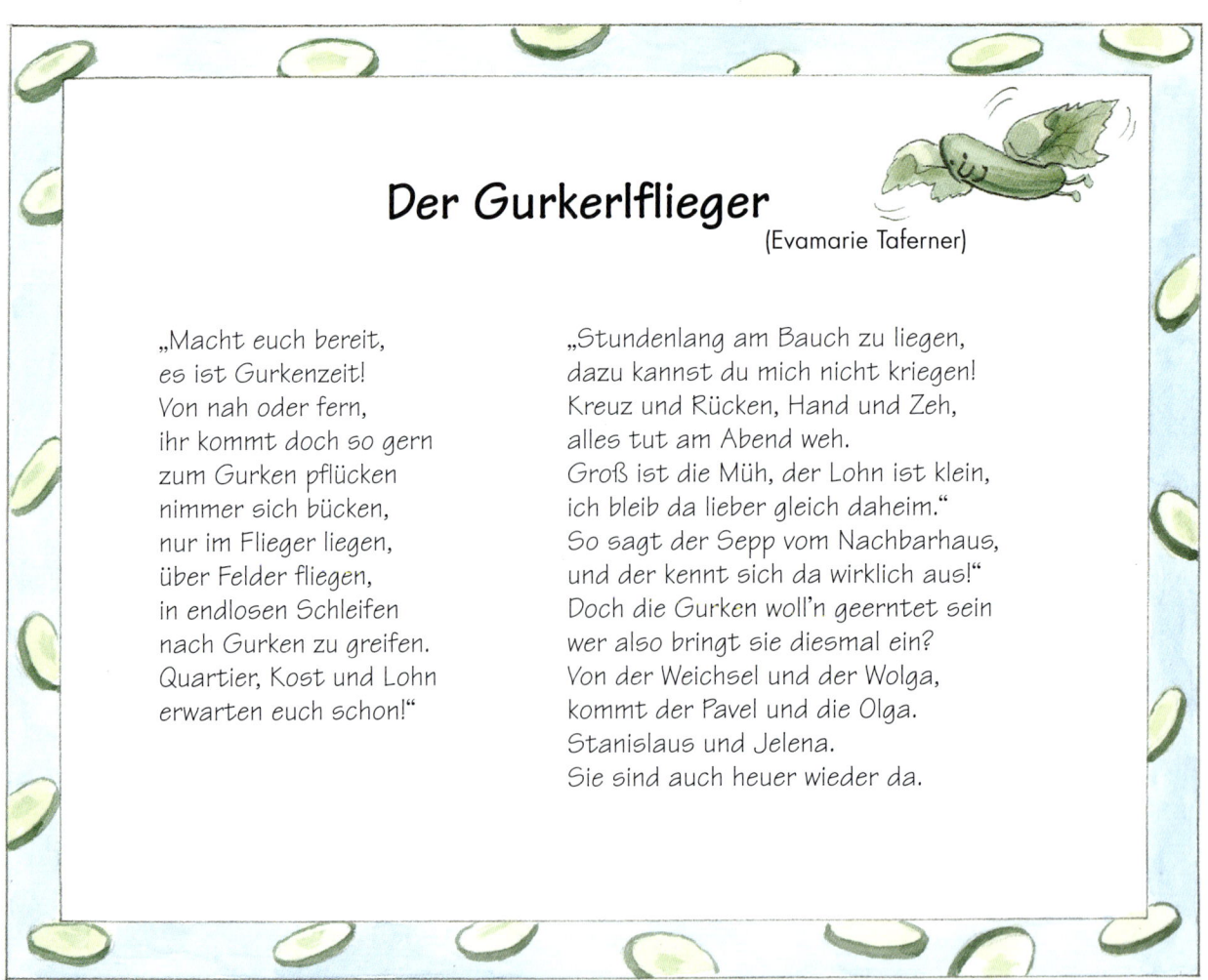

Der Gurkerlflieger
(Evamarie Taferner)

„Macht euch bereit,
es ist Gurkenzeit!
Von nah oder fern,
ihr kommt doch so gern
zum Gurken pflücken
nimmer sich bücken,
nur im Flieger liegen,
über Felder fliegen,
in endlosen Schleifen
nach Gurken zu greifen.
Quartier, Kost und Lohn
erwarten euch schon!"

„Stundenlang am Bauch zu liegen,
dazu kannst du mich nicht kriegen!
Kreuz und Rücken, Hand und Zeh,
alles tut am Abend weh.
Groß ist die Müh, der Lohn ist klein,
ich bleib da lieber gleich daheim."
So sagt der Sepp vom Nachbarhaus,
und der kennt sich da wirklich aus!"
Doch die Gurken woll'n geerntet sein
wer also bringt sie diesmal ein?
Von der Weichsel und der Wolga,
kommt der Pavel und die Olga.
Stanislaus und Jelena.
Sie sind auch heuer wieder da.

TIPPS UND TRICKS FÜR DEN EIGENEN GARTEN

Eine eigene Gurkenpflanze zu hegen und zu pflegen bringt viel Freude und bei richtiger Pflege auch viel Frucht.

Am einfachsten ist es, ein junges Gurkenpflänzchen in der Gärtnerei zu kaufen und an eine geeignete Stelle zu verpflanzen.

Gurken lieben sonnige Plätzchen mit Klettermöglichkeit. Sie brauchen immer genügend Wasserzufuhr, aber nicht zu kaltes Wasser, denn sonst werden sie bitter.

Mit etwas Geduld können Gurken auch aus Kernen gezogen werden.

EXPERIMENT & GÄRTNEREI

GURKE IM GLAS

Gurken bilden kräftige Keimlinge, die gebogen aus der Erde stechen.

Alter: ab 5 Jahren
Material: 1 großes Gurkenglas mit Deckel, Erde, Wasser, Gurkensamen

Das Gurkenglas zur Hälfte mit Erde füllen, die Gurkenkerne hineindrücken, ein wenig angießen und den Deckel schließen.

Was passiert?
Nach ca. einer Woche öffnen sich die Gurkenkerne.
Es bilden sich die ersten Wurzeln und Keimblätter.

Wenn die jungen Gurkenpflanzen am Deckel anstehen, werden sie befreit und ins Freie ausgepflanzt.

KAROTTE
KNACKIGE WURZELNASE

Fast jeder beißt gerne in eine richtig knackige Karotte. Besonders schön ist es, wenn diese orangeroten Rüben selbst aus der Erde gezogen wurden. Der süße erdige Geschmack lässt sich dann noch doppelt genießen! Karotten lassen sich auch verwandeln: in Nasen, Hosen, Flöten, Zwerge, Krokodile, ...

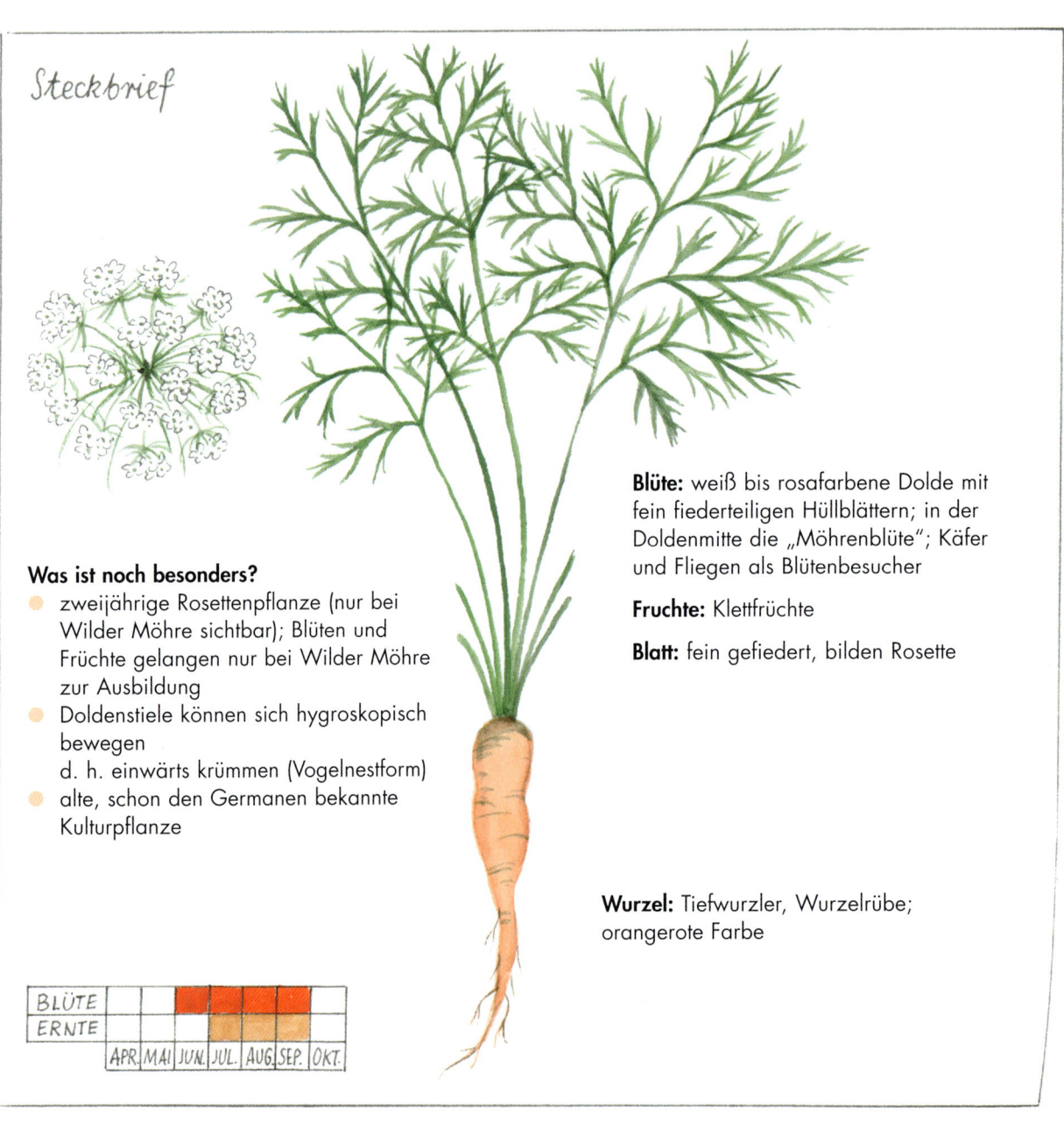

Steckbrief

Blüte: weiß bis rosafarbene Dolde mit fein fiederteiligen Hüllblättern; in der Doldenmitte die „Möhrenblüte"; Käfer und Fliegen als Blütenbesucher

Fruchte: Klettfrüchte

Blatt: fein gefiedert, bilden Rosette

Was ist noch besonders?
- zweijährige Rosettenpflanze (nur bei Wilder Möhre sichtbar); Blüten und Früchte gelangen nur bei Wilder Möhre zur Ausbildung
- Doldenstiele können sich hygroskopisch bewegen
  d. h. einwärts krümmen (Vogelnestform)
- alte, schon den Germanen bekannte Kulturpflanze

Wurzel: Tiefwurzler, Wurzelrübe; orangerote Farbe

	APR.	MAI	JUN.	JUL.	AUG.	SEP.	OKT.
BLÜTE			■	■		■	
ERNTE				■	■	■	

KAROTTE ODER MÖHRE?

Viele Menschen sind der Meinung, dass Karotten und Möhren ein und dasselbe Wurzelgemüse sind. Sie denken, dass in Deutschland Möhren und in Österreich Karotten gesagt wird – falsch geraten!

Karotten sind frühe, kurze Sorten, Möhren hingegen lange und besonders als Wintergemüse verwendbare Sorten. Im Folgenden werden aber unabhängig davon beide Bezeichnungen verwendet.

Karotten gibt es in den verschiedensten Sorten, je nachdem ob lange, dicke, frühe oder späte erwünscht sind. Frühe Sorten sind zwar sehr süß, aber nicht einlagerfähig, Wintersorten dagegen schon.

Und schließlich gibt es noch Futtermöhren für Schweine, Hasen – und Elefanten, natürlich nur im Zoo!

FANTASIE & KUNST
NEUE ZÜCHTUNGEN

Karotten können menschliche Züge annehmen. Das ist sehr hilfreich für neuartige fantastische Züchtungen!

Alter: ab 6 Jahren
Material: Papier, Buntstifte oder Malfarben

Die Kinder denken sich besondere Karotten-Züchtungen aus, malen sie und beschreiben Vorzüge und Besonderheiten mit Worten.

Beispiele mit angeführten Besonderheiten:
- Coole Karotte (Karotte mit Sonnenbrille): Sonnenschutz aus dem eigenen Garten
- Karotte aus der Savanne (Karotte weiß-orange gestreift): gute Tarnfarbe
- Karotte mit Mieder (Karotte besitzt in der Mitte eine ganz enge Taille): für Schlankheitskuren besonders geeignet
- Mama-Karotte (Karotte mit sehr üppiger Form): sehr fruchtbar

Coole Karotte

Karotte aus der Savanne

Mama Karotte

Karotte mit Mieder

Banotte

DIE WILDE MÖHRE

Die Wildform der Karotte, die Wilde Möhre, wächst im Sommer auf trockenen Wiesen, entlang von Wegen und sehr gerne am Straßenrand. Sie ist ein weißer Doldenblütler, dessen Dolde aus unzähligen Blüten zusammengesetzt ist. Damit aber alles wie eine einzige Blüte aussieht, sind die Randblüten vergrößert. Das ist ein Trick dieser Pflanze, damit mehr Insekten kommen. Eine einzelne kleine Blüte würde von ihnen nämlich schlichtweg übersehen werden! Inmitten der Doldenblüte der Wilden Möhre befindet sich eine Blüte, die dunkel wie ein „Mohr" gefärbt ist. Darum wurden nämlich Karotten auch Möhren genannt! Es ist das beste Erkennungszeichen der Wilden Möhren, denn es gibt auf ähnlichen Plätzen noch zahlreiche andere Doldenblütler, mit denen die Wilde Möhre verwechselt werden könnte wie z.B. der giftige Gefleckte Schierling. Die Mohrenblüte hat aber nur die Wilde Möhre. Sie soll dafür zuständig sein, Bestäuber anzulocken.

Die Blüte zieht sich nach der Blühzeit wie ein Vogelnest zusammen. Wenn die Samen reif sind, öffnet sich das „Vogelnest" wieder.

Die Samen sind mit Widerhaken versehen, bleiben dadurch leicht an Tierfellen oder Menschenkleidung hängen und werden so verbreitet. In früheren Zeiten sollen sorgsame Hausmütter die Stacheln der Samen vor dem Aussäen abgerieben haben, damit die Rüben „hübsch fleischig, glatt und nicht struppig" wachsen sollten wie die Samen!

Die Wurzel der Wilden Möhre sieht nur sehr entfernt wie eine Karotte aus. Sie ist dünn, spindelförmig und weißlich. Ihr Geschmack ist zwar karottenähnlich, aber viel aromatischer und leicht scharf. Sie ist aber eine der „Urwurzeln" der Gartenmöhre und aus ihr durch verschiedene Züchtungen hervorgegangen. Geschabt geben die Wurzeln in Suppen einen sehr feinen Geschmack.

Doldenblüte
Vogelnest

Dolde mit
reifen Samen

Sehen

DIE WILDE MÖHRENBLÜTE UNTER DER LUPE

Viele kleine Wunder der Natur werden erst bei genauerem (und vergrößertem) Hinsehen sichtbar!

Alter: ab 5 Jahren
Material: blühende bzw. fruchtende Pflanzen der Wilden Möhre vom „Straßenrand", Lupe, Wassergefäß

Die Kinder gehen bei einem Spaziergang auf die Suche nach der Wilden Möhre. (Wächst fast an jedem trockenem Straßenrand!) Sie nehmen einige Pflanzen mit und betrachten sie anschließend genau (am besten mit Lupe).

Sie entdecken so ihre kleinen Besonderheiten wie Trickblüte, Mohrenblüte, Vogelnest und „struppige" Samen.

Wenn sie Dolden mit reifen Samen (erkennbar an auswärts gespreizten Doldenstielen) in ein Wassergefäß legen, werden sie sich innerhalb kürzester Zeit (1–2 Minuten) sichtbar einwärts krümmen. Das „Vogelnest" schließt sich. Diese hygroskopische Bewegung kann immer wieder gemacht werden, wobei die Trocknung bzw. Auswärtskrümmung länger dauert (ein paar Stunden).

SCHMECKEN

WILDE WURZEL

Hier können Kinder die „Urkarotte" erschmecken.

Alter: ab 4 Jahren
Material: Kleiner Spaten, 1 Jahr alte Wilde Möhren

Die Wurzeln von ein Jahr alten Wilden Möhren können von August bis Oktober ausgegraben und gesammelt werden. Einjährige wilde Möhren besitzen nur eine Blattrosette und noch keinen Blütentrieb. In diesem Stadium sind die Wurzeln am dicksten und noch nicht so holzig und scharf.
Wer wagt nach dem Waschen einen Biss in die Wurzel?

SCHMECKEN

KRÄUTERSUPPE MIT WILDER MÖHRE

Zutaten: 3 Wurzeln der Wilden Möhre, 2 große Kartoffeln, 1 Hand voll Kräuter (Sellerie, Oregano, Petersilie, Liebstöckel), 2 EL Grieß, Salz, $^3/_4$ l Wasser

Die Wurzeln der Wilden Möhre unter fließendem Wasser abbürsten und grob raspeln.
Die Kräuter waschen und fein hacken. Die Kartoffeln waschen, schälen und klein würfeln.
Wasser zum Kochen bringen, Wilde Möhren, Kartoffeln und Kräuter dazugeben und alles 10 Minuten köcheln.
Den Grieß einstreuen und das Süppchen weitere 5 Minuten kochen lassen.
Die Suppe mit Salz abschmecken und mit Möhrenblütchen bestreuen.

WIE KOMMT DIE KAROTTE ZU IHREN SAMEN?

Jeder, der schon einmal Karotten gesät hat, weiß es: Aus den winzigen Samen wächst ein zartes Pflänzchen mit orangefarbener Wurzel. Die fein gefiederten Blätter werden immer größer und zahlreicher und bilden eine Rosette über dem Erdboden. Die Wurzel, um die es schließlich geht, wächst, bis sie so dick ist, dass sie herausgezogen und verspeist werden kann.
Wo aber sind die Samen geblieben?
Wer das erfahren will, braucht Geduld und muss die Karotte noch ein Jahr länger „leben" lassen. Das bedeutet, sie darf nicht gleich herausgezogen werden.
Im Spätherbst, nach dem ersten Frost, sieht es zunächst so aus, als würde die Karotte absterben. Der grüne oberirdische Teil wird welk und kräuselt sich. Die prall gefüllte Wurzel übersteht aber, im Boden geschützt, die Winterkälte.
Im nächsten Frühjahr treibt sie, dank ihrer Reservestoffe in der Wurzel, einige frische Grundblätter und einen hohen Stängel, der sich verzweigt und gegen Sommer hin Blüten und schließlich Samen trägt. Die Wurzel selber wird runzelig, dünn und holzig, ist also nicht mehr essbar. Die Blüte hat die Wurzel geradezu „ausgesaugt".
Erst mit dem Samenflug, nach 2 Jahren, verwelkt die ganze Pflanze.
Weil die meisten nur an ihrer knackigen Wurzel interessiert sind, werden Karotten also normalerweise in ihrer Lebensmitte aus dem Leben gerissen. Gut, dass es immer einige gibt, die für die Samen die Geduld von 2 Jahren aufbringen!

GRÜNE TRIEBE AUS ALTEN KAROTTENKAPPEN

Hier wird erfahrbar, dass in einer 1 Jahr alten Wurzel noch Leben steckt!

Alter: ab 3 Jahren
Material: Karottenkappen, Schale mit einigen Lagen angefeuchteter Küchenrolle

Die Kappen von den Karotten großzügig abschneiden und in eine Schale mit einigen Lagen angefeuchteter Küchenrolle legen.

Was passiert?
- Nach ein paar Tagen schauen zarte Blatttriebe aus den alten Schöpfen.
- Nach etwa 2 Wochen beginnen die Pflänzchen zu welken, auch wenn die Schale immer schön feucht gehalten wurde. Sie haben nun die Nährstoffe der Kappen verbraucht und konnten keine Wurzeln schlagen.

Aber: Werden die Kappen rechtzeitig in einen Blumentopf mit Erde umgesetzt, haben sie eine Chance. Mit etwas Glück treiben sie seitlich Wurzeln und wachsen weiter.

Eine wahre Geschichte:
Das Rätsel von Silphium

Vor langer, langer Zeit gab es einmal eine Pflanze, die Silphium hieß. Sie war mit der Karotte sehr nahe verwandt, wuchs aber nur in Südafrika.
Ihr Saft war für die Mediziner sehr wichtig, die Wurzeln und Stängel wurden gegessen und als Gewürz verwendet.
Die Ernte und Nutzung von Silphium wurde streng kontrolliert. Für mehrere hundert Jahre wurde diese Karottenverwandte in andere Länder verkauft und bildete die wichtigste Einnahmequelle für Südafrika, da sie doch nur dort wuchs.
Irgendwann einmal ist Silphium aber leider ausgestorben. Warum bloß?
Die Einwohner von Südafrika waren wahrscheinlich wegen der guten Geschäfte zu gierig geworden und haben Silphium „ratzeputz" abgeerntet. Plötzlich hatten sie keine Silphium-Pflanzen mehr, denn an Samen haben sie nicht gedacht!

DAS INNENLEBEN DER ZAHMEN GESUNDEN MÖHRE

Die Zahme Möhre, damit ist die Gartenmöhre gemeint, besteht aus mehreren Schichten. Das wird beim Quer- oder Längsauseinanderschneiden deutlich.

Von außen nach innen gibt es zunächst die derbe dunkelorange Außenhaut, dann das dicke orangefarbene Rindengewebe, anschließend eine heller gefärbte Wachstumsschicht und ganz innen das hellorange gefärbte „Herz".

Jede Karottenwurzel wird im Innersten von einem Herz oder Strang durchzogen. Er ist ein wenig holzig, um der Rübe Festigkeit zu verleihen und enthält Röhren zum Weiterleiten von Wasser und Nährstoffen.

Längsschnitt einer Karotte

Herz   Rindengewebe

Außenhaut
Rindenschicht
helle Wachstumsschicht
Herz/Mark

SCHMECKEN & SEHEN

KAROTTE AUSEINANDERNAGEN!

In dieser Aktion sehen und schmecken Kinder das Innenleben der Karotte. Durch Auseinandernagen können sie „Hase spielen" und ihre Lieblingsschicht „erschmecken".

Alter: ab 3 Jahren
Material: eine nicht zu junge Karotte; am besten eine, die über den Winter eingelagert wurde (da ist die Schichtung besonders deutlich)

Die Kinder nagen die Karotte Schicht für Schicht von außen nach innen ab. Dabei erfahren sie:

- Die dünne dunkelorange Außenhaut hat den intensivsten Geschmack.
- Die dicke Rindenaußenschicht lässt sich leicht vom heller gefärbten Innenstrang abbeißen. Dabei erscheinen feine Fortsätze am Strang. Das sind die Nebenwurzeln.
- Der Innenstrang zeigt geringere Schmackhaftigkeit und größere Festigkeit im Vergleich zur dicken Rindenaußenschicht.

Variante

Kinder, denen der Geschmack roher Karotten absolut nicht behagt, betrachten das Innenleben der Karotte im Quer- oder Längsschnitt.

SCHMECKEN & SPIEL

NAGE-RÄTSEL

Alter: ab 6 Jahren
Material: knackige Karotten

Jedes Kind bekommt eine Karotte und nagt etwas daraus, z.B. einen Knochen, einen Schraubenzieher, eine Pistole, eine Ameise …

Die angenagten Werke legen die Kinder vor sich auf den Tisch.

Der Reihe nach darf jedes Kind rätseln, worum es sich bei den Nageobjekten handelt.

Es darf so lange Fragen stellen, bis ein „Nein" das Rätseln beendet und das nächste Kind an die Reihe kommt.

Klug ist es, nicht nach dem Objekt direkt zu fragen („Ist es eine Pistole?"), sondern sich langsam vorzutasten („Ist es hart? Ist es lebendig? Ist es ein Ziergegenstand?"…)

Für jedes erratene Objekt und für jedes Erraten gibt es einen Punkt.

Wer die meisten Punkte erreicht, hat gewonnen.

KAROTTENSCHREIBER

Mit dieser Karotte können Kinder wirklich schreiben, allerdings nicht in Karottenfarbe.

Alter: ab 5 Jahren (kleinere Kinder im Beisein eines Erwachsenen)
Material: Karotte, Karottenschäler, Kinderschnitzmesser, Schneidbrett, Kerze, Zündhölzer

Die Karotte schälen und die oberste Spitze bis auf den Zentralstrang wegschneiden. Dadurch entsteht eine Art Mine (oder auch Kerzendocht). Die Mine in eine Kerzenflamme halten. Sie beginnt alsbald zu duften und färbt sich schwarz. Die Kinder können damit schreiben. Wenn die „Mine" nicht mehr schreibt, wieder in die Flamme halten und weiter geht es mit der Karottenkohlenschrift.
Achtung: Karottenkohle nur unter Aufsicht eines Erwachsenen erzeugen!

KARO-KAROTTEN

Karotten eignen sich hervorragend zum Schnitzen. Durch Abheben der Rindenaußenschicht vom Innenstrang entstehen die schönsten Karo(tten)-Muster!

Alter: ab 6 Jahren (kleinere Kinder mit Hilfe eines Erwachsenen)
Material: Karotten, Karottenschäler, Kinderschnitzmesser, Schneidbrett

Die Karotten schälen.

Gemusterte Karotten:
Mit einem Schnitzmesser Karo- oder Schraubenmuster bis zum Innenstrang einritzen und die schmalen Einschnitte abheben.

Karottenblätter:
Karotten längs in ca. 5 mm dicke Scheiben schneiden. Einschnitte innerhalb der Rindenschicht machen. Der Herzstrang wird dadurch zur Blattader.

GESUNDE UND FÄRBENDE LIEBLINGSSPEISE VON BABYS, KINDERN UND HASEN

Karottenbrei ist meist die erste „feste" Speise, die Babys bekommen, weil Karotten so bekömmlich und süß sind. Später mögen Kinder Möhrchen lieber roh als gekocht, denn da sind sie knackig und im Geschmack weniger intensiv. Als Lieblingsspeise der Hasen kennt sie natürlich auch jeder.

„Wenn du viele Karotten isst, bekommst du gute Augen!" – wer kennt nicht diesen Spruch! Ganz so einfach ist das zwar nicht, jedoch enthalten Karotten viele Vitamine, darunter auch das Karotin, ein Farbstoff, aus dem Vitamin A erzeugt wird und der die Sehkraft stärkt. Fehlsichtige macht er aber nicht adleräugig!

Bei der Karotte wird nach außen hin der Anteil an Karotin immer größer. Weil das Karotin für die schöne Farbe der Karotte verantwortlich ist, verändert sie sich vom Inneren zum Äußeren immer mehr ins dunklere Orange.

Damit das Karotin vom Körper aufgenommen werden kann, sollen Karotten immer gemeinsam mit etwas Fett (Butter oder Öl) gegessen werden.

Das Karotin wird auch zum Färben von verschiedenen Lebensmitteln z.B. Margarine verwendet, damit sie appetitlich gelb aussehen. Krebse enthalten auch sehr viel Karotin und färben als Hauptnahrung der Flamingos dessen Gefieder schön rosa. Wenn Flamingos in Zoos keine Krebse bekommen, muss in ihre Nahrung künstlich Karotin beigemischt werden, sonst sind die Flamingos plötzlich weiß!

EXPERIMENT & SEHEN

KAROTTENFARBE LÖSEN

Dass das Karotin Färbeeigenschaften besitzt, wird in diesem Experiment deutlich sichtbar.

Alter: ab 6 Jahren
Material: 1 Karotte, Küchenreibe, Marmeladenglas mit Deckel, Wasser, farbloses Öl

Karotte fein raspeln und das Reibgut in ein Marmeladenglas geben.

Mit so viel Wasser auffüllen, dass die Karottenraspeln bedeckt sind und anschließend ca. 20 ml Öl zugeben. Deckel schließen und gut durchschütteln.

Was passiert?

Das Öl bildet sofort über dem Wasser eine Schicht und nimmt nach mehrmaligem Schütteln eine gelborange Farbe an.

Das fettlösliche Karotin, das in der Karotte gespeichert ist, hat das Öl gefärbt.

MÖHRCHENREZEPTE EINFACH & LECKER

BUTTERBROT MIT KAROTTENBLÜMCHEN

Zutaten: junge, knackige Karotte, Schwarzbrotscheibe, Butter, Salz, eventuell Schnittlauch, kleine Blümchenausstechform, Schneidbrett, Messer, Fleischklopfer

Karotte in dünne Scheiben schneiden und mittels Ausstechform zu Blümchen verwandeln.
Mit Hilfe eines Fleischklopfers schaffen es auch Kinder, die Ausstechform in die harte Karottenscheibe hinein zu klopfen.
Die Blümchen auf ein Butterbrot legen, salzen und mit Schnittlauch bestreuen.

HÄSCHENSALAT MIT NACKTSCHNECKEN

Zutaten: 5 Karotten, 1 Apfel, Saft von $^1/_2$ Zitrone, 1 Tl. Honig, 2 EL Sonnenblumenöl, Salz; Karottenschäler, Messer, Gemüsereibe, Schneidbrett

Karotten (bis auf eine) und Apfel schälen und reiben.
Die restlichen Zutaten zu einer Sauce vermischen und dem Geriebenem untermengen.
Die Nacktschnecke aus der letzten Karotte schnitzen. (Siehe dazu unter „Karottenschnitzereien", S. 58)
Sie sieht auf dem Salat kriechend erschreckend echt aus!

SÜßE MÖHRCHEN

Zutaten: 100 g Marzipanrohmasse, 50 g Puderzucker, orangefarbene (rot und gelb) und grüne Lebensmittelfarbe (oder Pistazien)

Das Marzipan mit dem Puderzucker verkneten und mit Lebensmittelfarbe färben – den Großteil orange, einen kleinen Teil grün.
Aus der orangefarbenen Masse kleine Möhrchen formen und mit dem Daumennagel kleine Fugen einritzen, damit sie noch echter aussehen.

Aus der grünen Masse kleine Kügelchen formen und an das breite Ende des Möhrchens drücken.
Hinweis: Statt der grünen Masse eine Pistazie verwenden.

NASEN & HOSEN – DIE KAROTTENFORM IN SÄMTLICHEN VARIATIONEN

Karotten können sich mit ein bisschen Fantasie in verschiedene Dinge mit ähnlicher Form verwandeln. Zum Beispiel frisst ein Bilderbuchhase namens Otto so viele Karotten, dass sie statt seinen Löffeln am Kopf wachsen. Otto Karotto isst daraufhin nur noch Spinat!
Karotten können auch andere Tiere und Gestalten bzw. Teile davon ersetzen. Allen bekannt sind sicher die Karottennasen der Schneemänner.
Es gibt auch Karottenhosen. Sie waren im letzten Jahrtausend modern. Sie sind zwar aus Stoff, aber so geschnitten, dass sie wie eine Karotte von oben bis unten immer schmaler werden.

KUNST & FANTASIE
KAROTTEN-COLLAGE

Es ist für Kinder sehr lustig, berühmte Personen aus Zeitungen, berühmte Gemälde oder sich selbst mit Karottennasen oder auch Karottenhosen zu verändern.

Alter: ab 5 Jahren
Material: Zeitschriften, Zeitungen, Kopien von Fotos der Kinder, Schere, Papier, Buntpapier, Klebstoff, Buntstifte oder Filzstifte (vor allem orange!), eventuell Fotoapparat und Drucker

Die Kinder durchforsten Zeitungen und Zeitschriften nach geeignetem Material, verändern die Bilder mit Karotten und schnipseln sie zu einem neuen Bild, einer Collage, zusammen.
Oder: Sie fotografieren sich zuerst (bzw. werden von der Spielleitung fotografiert) und „verunstalten" sich selbst auf den ausgedruckten Fotokopien. (Am besten schwarz-weiß und vergrößert!)

Variante
Die Kinder gestalten die Collage als Rätsel. Welche berühmten Personen bzw. Kinder verbergen sich hinter ihren „Verunstaltungen".

GESCHICKLICHKEITSSPIEL
KAROTTENKEGELN

Hier ist Geschicklichkeit gefragt!

Alter: ab 4 Jahren
Material: 9 große, gerade gewachsene Karotten, eine möglichst kugelförmige Kartoffel, Messer

Von 9 großen Karotten die Kappen etwas abschneiden, sodass sie gut stehen können.
Die Karotten nach dem typischen Kegelmuster aufstellen.
Jedes Kind versucht nun, mit der Kartoffel aus einer gewissen Entfernung möglichst viele Karotten umzuwerfen.

KAROTTEN-KEGELN

KROKODIL - METAMORPHOSE
Karotte

Karotti

Karotil

Kakodil

Krokodil

KAROTTEN(VER)WANDLUNGEN

Wer oder was lässt sich mehr oder weniger schnell in Karotten verwandeln?

Alter: ab 4 Jahren
Material: Zeichenpapier, Buntstifte oder Malfarben

Mit ein bisschen Fantasie verwandeln sich Tiere, Gegenstände, Gebäude oder auch Teile davon mit karottenähnlicher Form mehr oder weniger schnell in Karotten.
Leicht in Karotten umwandeln lassen sich Körperteile wie Hörner, Nasen, Schwänze, Schnäbel …
Karotten als Raketen, Tropfsteine, Türme, Kerzen, Bananen … sind weitere Möglichkeiten – der Name ändert sich natürlich gleich mit: So wird z B. eine Rakete zur Rakotte, eine Banane zur Banotte …
Vielleicht gelingt es ja sogar die Metamorphose (Umgestaltung) eines Tieres schrittweise im Bild festzuhalten, z. B. von der Karotte zum Krokodil:
Karotte – Karotti – Karotil – Karodil – Kakodil – Krakodil – Krokodil!

KAROTTENSCHNITZEREIEN

Mit wenigen Handgriffen entstehen aus Karotten Flöten, Zwerge oder mancherlei Getier!

Alter: ab 6 Jahren (kleinere Kinder mit Hilfe von Erwachsenen – Messer!)
Material: Karotten, Karottenschäler, Kinderschnitzmesser, Schneidbrett

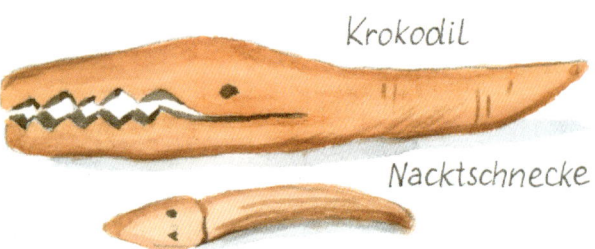

Krokodil

Nacktschnecke

Die 7 Karottenzwerge
Karotten haben annähernd die Form von Zwergen. Es sind also nur ein paar kleine Veränderungen nötig:
- Die Karotte schälen und an dem stumpfen Ende abschneiden, sodass sie gut steht.
- Mütze, Augen, Knollennase, Mund und Bart mit dem Messer herausarbeiten.
- Aus kleineren Karottenstücken Fläschchen und Becherchen für die Zwerge schnitzen.

Nacktschnecke aus Karottenfleisch
Diese ekelige Schnecke aus einem kurzen Karottenstück schnitzen.
Den „Körper" vom „Kopf" ein wenig absetzen und feine Rillen einschnitzen.
Ein paar dieser Schnecken auf frischen Blattsalat gesetzt … – das sieht täuschend echt aus!

Karotil, das Karottenkrokodil
Eine große, dicke Karotte bis zur Mitte längs einschneiden. Dabei öffnet sich das Riesenmaul von selbst. Am Maul spitze Zähne und Schlitzaugen einschnitzen.

Karottenmäuschen
Eine winzigkleine Karottenschnitzerei!
Dazu eine Karottenspitze verwenden, an der sich noch ein Würzelchen befindet. Dieses Würzelchen eignet sich nämlich hervorragend als Mäuseschwanz.
Die Karottenspitze zu einem Mäusekörper schnitzen, wobei besonders die großen Ohren wichtig sind.

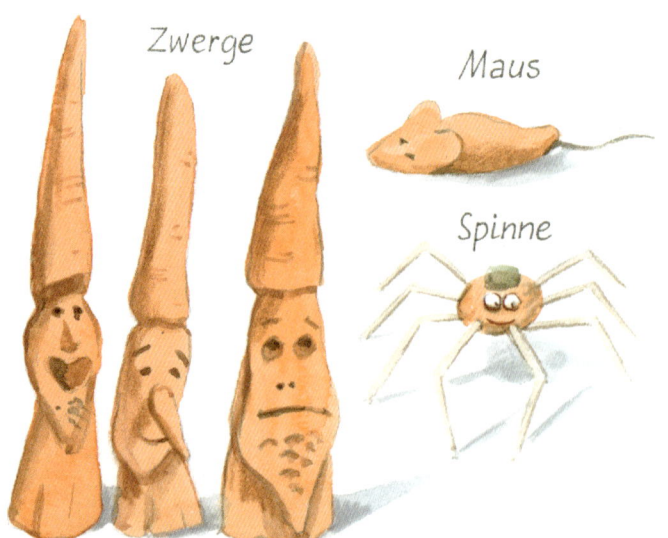

Zwerge

Maus

Spinne

Essbare Flöten und Pfeifen

Karotten eignen sich von der Form her hervorragend zum Flöten- und Orgelpfeifenbau.

Auf die richtige Anzahl der Löcher und Schlitze, und bei der Flöte auf das entsprechende Mundstück achten!

Ganz kleine Kinder beißen eine „Zähnchenflöte": Karotte schälen und mit den Milchzähnen einfach die Grifflöcher einbeißen!

Hinweis: Essbare Flöten haben für kleine Kinder einen besonderen Anreiz, auch wenn sie keine Töne von sich geben!

KRUMME DINGER

Auf einem Gartenboden voller Steine oder harter Erdklumpen bekommen Möhren krumme oder sogar mehrere Beine. Die anfangs noch zarten, jungen Würzelchen weichen den Steinen und harten Erdstücken aus, indem sie sich krümmen oder gabeln. Für die Bauern ist das oft ärgerlich und sie versuchen durch Einmischen von Sand die Sache in den Griff zu bekommen. Krumme Möhrchen lassen sich ja nicht verkaufen, zum Basteln jedoch sind sie recht brauchbar.

BASTELN

MENSCHLICHES UND TIERISCHES

Diese Basteleien sind besonders auch für jüngere Kinder geeignet, da sie dazu (fast) kein Messer brauchen.

Alter: ab 3 Jahren
Material: Karotten bzw. Karottenstücke, Karottenschäler, Zahnstocher, wasserfester Stift

Die Kinder stecken in die Karotten(stücke) Zahnstocher als Arme, Beine, Haare, Stachel ... und malen ihren Gestalten mit wasserfester Farbe Gesichter auf.

So entstehen Tausendfüßler, Raupen, Spinnen, Quallen, Sonnen oder Männchen ...

SEHEN & FANTASIE

KRUMME MÖHRENBASTELEI

Mit etwas Fantasie und Vorstellungsvermögen können sich die Kinder in verschiedene Traumfiguren hineindenken.

Alter: ab 5 Jahren
Material: krumme Möhren (entweder aus dem eigenen Garten oder direkt vom Bauern; werden oft billig abgegeben), wasserfeste Stifte, Zahnstocher

Die Kinder betrachten eine gegabelte oder mehrfach geteilte Karotte genau von allen Seiten, lassen ihre Fantasie spielen und denken sich aus, was sie aus ihr machen können.

Sie verwenden zum Zusammenstecken einzelner Teile Zahnstocher und ergänzen mit wasserfester Farbe Gesichter, Einzelheiten.

Schon entstehen aus einfachen krummen Möhren Seepferdchen, Gnome, Monster, ...

Raupe

Qualle

Menschen

Gnome

TIPPS UND TRICKS FÜR DEN EIGENEN GARTEN

Junge Möhrchen, gerade aus der Erde gezogen, gewaschen und gleich in den Mund gesteckt, sind ein einmaliger Genuss, den es so frisch nicht zu kaufen gibt: süß, nussig und richtig knackig!
Eine Steigerung dieses Genusses ist nur noch möglich, wenn die Kinder ihre Möhren selbst eingesät und groß gezogen haben!
Sie bekommen besonders schöne Karotten, wenn sie dabei ein paar Dinge beachten:

- Möhrchen lieben sandigen lockeren Gartenboden. Sie mögen keine Steine im Boden, Lehmklumpen oder frischen Mist.
- Möhrchen sind sehr friedliebend. Es gibt keine Nachbarn, mit denen sie sich überhaupt nicht vertragen, aber es gibt solche, die sie besonders gerne nahe bei sich haben wollen. Das sind Dill, Erbsen, Radieschen, Rettich, Salat, Tomaten, Knoblauch, Lauch und Zwiebeln.
- Möhrchensamen sind extrem klein. 100 Stück wiegen nur 1 Gramm. So ist es natürlich schwierig, sie dünn auszusäen. Das ist aber sehr wichtig, damit die Wurzeln schön fett werden können. Ein Abstand von 1–2 cm von Same zu Same wäre gut. Es gibt auch Samenpackungen mit Saatbändern zu kaufen, wo die einzelnen Karottensamen bereits im richtigen Wuchsabstand in einem Band aus Vlies eingearbeitet sind. Wenn die Samen zu dicht gesät wurden, müssen sie nach dem Keimen vereinzelt werden: Dabei zu nahe aneinander stehende Keimblättchen ausreißen.
- Die Karottenpflanzen regelmäßig gießen, sonst platzen sie auf, wenn es nach langer Trockenheit plötzlich sehr stark regnet.
- Nur Geduld bringt leckere Möhrchen! Im März oder April Samen in eine Rille aussäen. Erst nach 3–4 Wochen keimen die Samen. Und dann nochmals warten: Erst nach 2–3 Monaten sind die Möhrchen dick genug geworden.

DAS MÖHRENZIEHEN

Möhrchen müssen ganz nahe beim Blattansatz aus der Erde gezogen werden. Wird an den Blattspitzen gezerrt, gibt es nur Karottenblätterernte! Dicke Möhrchen haben auch eine kräftige Grundblattrosette. Damit können gezielt dicke Exemplare geerntet werden. Mit ein bisschen Glück gibt es vielleicht auch einen Maulwurf im Garten wie bei Petzi und seinen Freunden, der den Möhrchen einen Schubs von unten gibt, sodass sie von ganz allein aus der Erde hüpfen!

Das Märchen vom Möhrenziehen

(Volksgut, Russisches Märchen)

Väterchen hat Möhren gesät. Zur Erntezeit will er eine dicke Möhre herausziehen. Er packt sie beim Schopf, er zieht und zieht und kann sie nicht herausziehen.

Väterchen ruft Mütterchen. Mütterchen zieht Väterchen, Väterchen zieht die Möhre, sie ziehen und ziehen und können sie nicht herausziehen.

Kommt das Enkelchen. Enkelchen zieht Mütterchen, Mütterchen zieht Väterchen, Väterchen zieht die Möhre, sie ziehen und ziehen und können sie nicht herausziehen.

Kommt das Hündchen. Hündchen zieht Enkelchen, Enkelchen zieht Mütterchen, Mütterchen zieht Väterchen, Väterchen zieht die Möhre, sie ziehen und ziehen und können sie nicht herausziehen.

Kommen Hähnchen und Hühnchen. Hähnchen zieht Hühnchen, Hühnchen zieht Hündchen, Hündchen zieht Enkelchen, Enkelchen zieht Mütterchen, Mütterchen zieht Väterchen, Väterchen zieht die Möhre: Sie ziehen und ziehen – und schwupps, ist die Möhre heraus und das Märchen ist aus!

KRÄFTESPIEL
ZIEHDREIECK

Alter: ab 4 Jahren
Material: Karotten samt Grün (ersatzweise Schokoschirmchen), ca. 3 m langes Seil

Die Spielleitung knotet die Seilenden zusammen und legt sie als Dreieck auf eine Wiese.
2 m außerhalb von jeder Seilecke entfernt gräbt sie einige Karotten (bzw. Schokoschirmchen) ein, sodass nur noch das grüne Grasbüschel (bzw. der Griff) aus der Erde schaut.

Pro Spielrunde dürfen 3 (gleichaltrige) Kinder mitmachen. Sie stellen sich jeweils in eine Ecke des Seils und heben es in Hüfthöhe hoch. Ab diesem Zeitpunkt dürfen die Hände das Seil nicht mehr berühren.
Auf das Zeichen der Spielleitung ziehen die Kinder mit ihrem Körper in Richtung Karotten.
Das Kind, das als Erstes eine Karotte zieht (dafür darf es natürlich die Hände nehmen!), hat gewonnen. Nun kommen die nächsten 3 an die Reihe …
Zum Schluss treten die Kinder, die in der ersten Runde gewonnen haben, nochmals gegeneinander an – bis am Ende ein Kind als Karotten-HeldIn gefeiert werden kann!

KARTOFFEL
STARKE KNOLLE MIT VIELEN AUGEN

Kartoffeln sind wirklich tolle Knollen, besonders wenn bedacht wird, was Kinder alles mit ihnen anstellen können. Da gibt es noch vieles mehr als Pommes frites und Kartoffeldruck.

Die Vielfalt der Kartoffel liegt allein schon im Namen, denn kaum ein anderes Gemüse hat so viele Bezeichnungen wie sie. Der wohl treffendste ist der Erdapfel, da sich doch die köstlichen Knollen unter der Erde befinden. Die Europäer haben ziemlich lange gebraucht, bis sie das kapiert haben, darum gibt es die Kartoffel erst seit 500 Jahren in Europa.

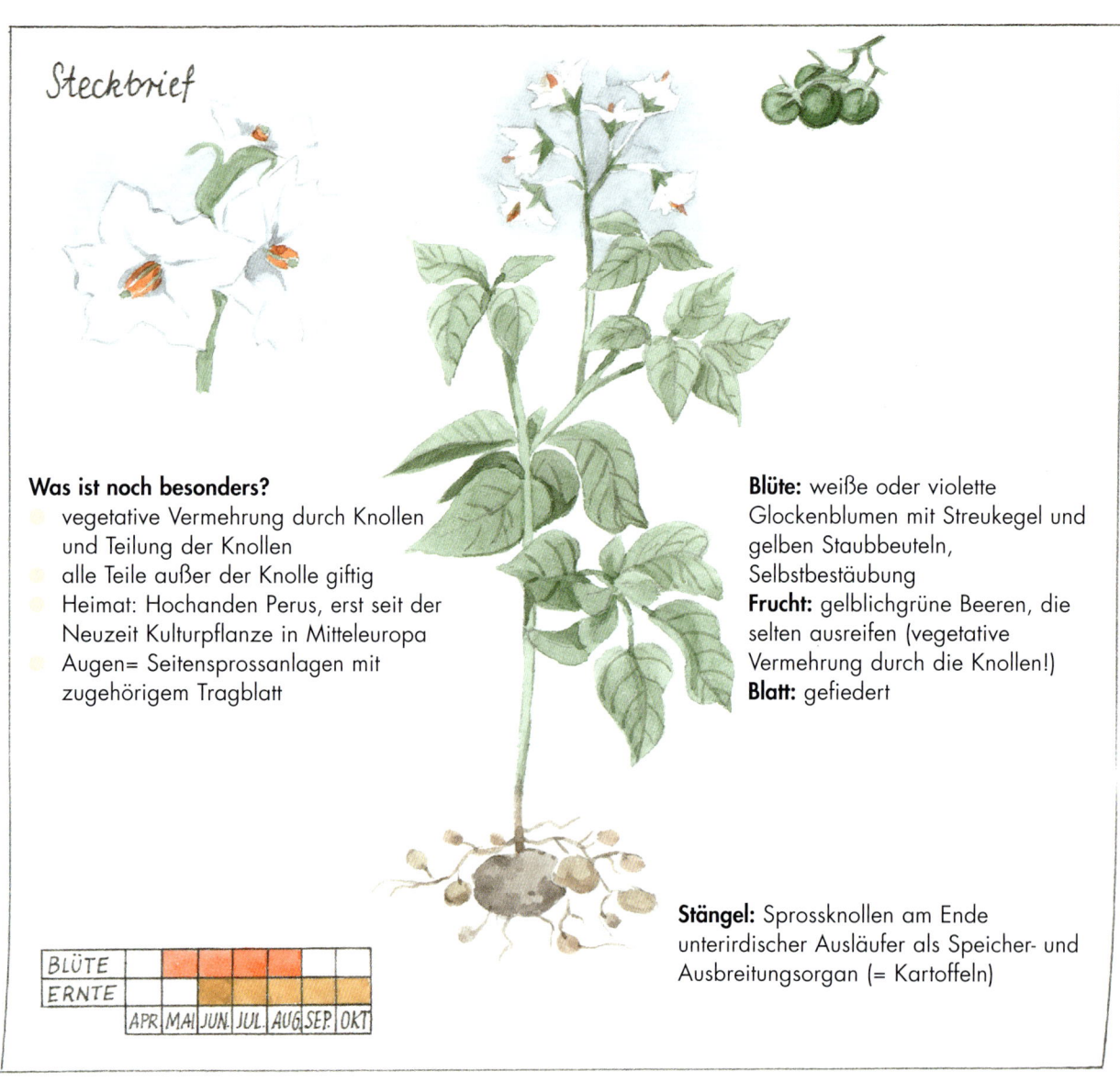

Steckbrief

Was ist noch besonders?
- vegetative Vermehrung durch Knollen und Teilung der Knollen
- alle Teile außer der Knolle giftig
- Heimat: Hochanden Perus, erst seit der Neuzeit Kulturpflanze in Mitteleuropa
- Augen= Seitensprossanlagen mit zugehörigem Tragblatt

Blüte: weiße oder violette Glockenblumen mit Streukegel und gelben Staubbeuteln, Selbstbestäubung
Frucht: gelblichgrüne Beeren, die selten ausreifen (vegetative Vermehrung durch die Knollen!)
Blatt: gefiedert

Stängel: Sprossknollen am Ende unterirdischer Ausläufer als Speicher- und Ausbreitungsorgan (= Kartoffeln)

	APR	MAI	JUN	JUL	AUG	SEP	OKT
BLÜTE		■	■	■	■		
ERNTE				■	■	■	■

AXOMAMA – DIE BLUTRÜNSTIGE KARTOFFELMAMA DER INKAS

In Südamerika bauten die Inkas – das sind südamerikanische Indianer – schon im 3. Jahrhundert n. Chr. (als in Europa noch die Römer waren) Kartoffeln auf Äckern an.

Kartoffeln waren ihr Hauptnahrungsmittel und weil diese so wichtig waren, wurden sie nicht nur verzehrt, sondern auch verehrt.

Axomama, die Kartoffelmama, war der gute Geist der Kartoffeln. Sie war ein eigenartiges Wesen, halb Mensch, halb Kartoffel. Manchmal wurden sogar Menschen geopfert, um Axomama gnädig zu stimmen und eine gute Ernte zu bekommen. Kam Dürre über das Land, so wurde das als Zorn der Mama gedeutet, der nur durch Menschenblut zu versöhnen war. Die Opfer wurden dann furchtbar an Nase und Mund verstümmelt, damit sie einer Kartoffelknolle ähnlich sehen. Etwas weniger blutrünstig: Lustig geformte Knollen wurden wie Puppen angezogen und dienten der Wahrsagerei.

KARTOFFELPUPPEN

Basteln nach Tradition der alten Inkas.

Alter: ab 3 Jahren
Material: länglich geformte Kartoffeln, Plakafarben oder wasserfeste Filzstifte

Die Kinder waschen die Kartoffeln und trocknen sie gut ab.
Sie malen der Kartoffel ein Gesicht, Häubchen und Wickelpolster ... Schnell ist so eine ganze Puppensammlung beisammen.

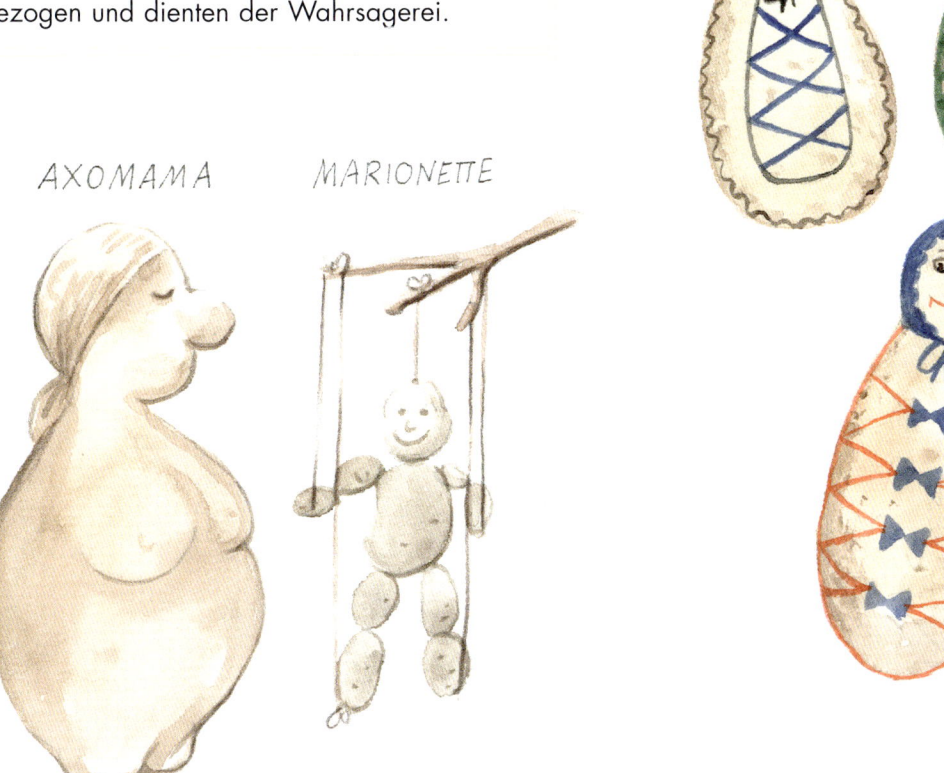

AXOMAMA   MARIONETTE

AXOMAMA-MARIONETTE

Alter: ab 5 Jahren
Material: unterschiedlich geformte, kleine Kartoffelknollen, lange Sticknadel, feste Schnur (Spagat), 3-teilige Astgabel

Die Kartoffelknollen auf einem Tisch so zusammenlegen, dass eine Puppe mit Gliedmaßen entsteht.
Die ausgesuchten Teile mit Schnüren durch Auffädeln verbinden.
Die Führungsschnüre an Kopf und Gliedmaßen befestigen und an eine dreiteilige Astgabel binden.
Hinweis: Nicht zu große Kartoffeln nehmen, die Marionette wird sonst furchtbar schwer.

DIE KARTOFFEL AUS DER GOLDKISTE

Vor ungefähr 500 Jahren gelangten die ersten spanischen Seefahrer nach Südamerika, um das Land zu erobern. Sie waren so geldgierig, dass sie den Indianern ihre Schätze stahlen. Die Spanier brachten aber nicht nur Gold und Silber nach Hause, sondern auch einige unscheinbare Knollen: Es waren die Kartoffeln, die von den Indianern schon Jahrhunderte lang gegessen wurden. Allein schon deshalb waren sie den Seefahrern nicht geheuer.
Die Europäer hielten die Kartoffel lieber als Zierpflanze wegen ihrer schönen weißen oder rosa Blüten. Später probierten sie entweder die grünen giftigen Früchte der Kartoffel oder die rohen Knollen und spuckten sie danach gleich wieder aus.
So vergingen viele Jahre, bis die Menschen in Europa die ersten Kartoffeln anbauten. In England rettete ein Feuer die Kartoffel-Ehre.

Die gerettete Kartoffel-Ehre

Ein reicher englischer Graf kaufte einige Kartoffeln und ließ sie in seinem Garten anpflanzen. Er hatte sie als neuartige Delikatesse aus Südamerika von einem Spanier erworben. Im Sommer bewunderte er die kräftigen Pflanzen mit den schönen, weißen Blüten. Im Herbst schließlich kamen die grünen Beeren und der Graf freute sich schon auf ein Festessen, zu dem er viele Freunde geladen hatte. Als besonderen Leckerbissen ließ er die grünen Beeren der Kartoffeln auftragen und forderte seine Gäste zur Kostprobe auf. Jeder steckte eine rohe grüne Kugel in den Mund und zerkaute sie. Zuerst wollte keiner zugeben, dass die Beere eigentlich grässlich schmeckte. Doch dann verzog selbst der Graf das Gesicht und spuckte die Beere in weitem Bogen aus. Weil er sich so vor seinen Freunden blamiert hatte, wurde er sehr wütend und befahl seinem Gärtner, alle Stauden auszureißen und zu verbrennen. So gelangten natürlich auch die Knollen, die vorher niemand beachtet hatte, ins Feuer. Doch was stieg den englischen Herren da plötzlich in die Nase? Ein köstlicher Duft aus der Asche! Als der Gärtner dem feinen Geruch nachging, fand er ein braunes, rundes Ding. Vom Duft verführt, probierte er gleich ein wenig davon und es schmeckte köstlich. Gleich meldete er es dem Grafen und nun wussten beide, dass die Knollen so wohlschmeckend waren und aßen eine nach der anderen mit Heißhunger auf.
Der Graf ließ die restlichen Knollen auch noch ausgraben und lud seine Freunde mit großem Erfolg zu einem zweiten Kartoffelessen ein; diesmal mit den richtigen Teilen der Kartoffelpflanze! Damit war die Kartoffel-Ehre doch noch gerettet worden!

BASTELN & RIECHEN & SCHMECKEN

GEHEIME FEUER-BOTSCHAFTEN

Es gibt nichts Gemütlicheres als ein Kartoffel-feuer an einem warmen Sommertag!

Alter: ab 6 Jahren, jüngere mit Hilfe von Erwachsenen (wegen dem Schnitzen)
Material: Kartoffel, Kinderschnitzmesser oder Linolschnittmesser, Alufolie, Möglichkeit zum Lagerfeuermachen oder Backofen

Kartoffel waschen, gut abbürsten, abtrocknen und längs halbieren.
Mit einem Messer in die Innenflächen ein Geheimnis ritzen bzw. schnitzen z.B. einen Namen, ein Herz mit Initialen, eine kurze Botschaft ...
Die Kartoffel wieder zusammenklappen, mit Alufolie umwickeln und in die heiße Feuerglut (es dürfen keine Flammen mehr flackern, sonst wird die Kartoffel schwarz) oder in den Backofen legen. Bald steigt den Kindern herrlicher Duft in die Nase.
Besonders spannend ist es, wer welche Botschaft auswickelt!

KARTOFFELGESICHT IN FOLIE

Eine große Kartoffel waschen, schälen und längs halbieren.
In die Schnittfläche ein lustiges Tier- oder ein Gesicht schnitzen, in Alufolie wickeln und in der Glut oder im Ofen backen, bis die Kartoffel durch ist.
Beim Öffnen der Folie gibt es immer eine Überraschung. Die Kinder löffeln das geschnitzte Gesicht mit Butter und Salz.

BASTELN

GOLD- UND SILBERKARTOFFELN

Die Kartoffel ist eigentlich das wahre Gold der Inkas. Eine einzige Weltkartoffelernte ist heute mehr wert als alles Gold, das die spanischen Eroberer von den Inkas nach Europa brachten. Im 17. Jahrhundert hat ein Berliner Kaufmann seinen Weihnachtsbaum mit versilberten und vergoldeten Kartoffeln behängt und damit eine sehr symbolträchtige Verwendungsmöglichkeit für Kartoffeln gefunden.

Alter: ab 4 Jahren
Material: kleine Kartoffeln (große sind für den Baum zu schwer), Gold- und Silberfarbe (Plaka), Zahnstocher, Gold- und Silberfäden

Die Kartoffeln waschen und gut abtrocknen.
Die Kinder bemalen die Kartoffeln mit Gold- oder Silberfarbe (entweder vollständig oder mit Mustern) und lassen die Farbe trocknen.
Sie stecken einen Zahnstocher oben längs in die Kartoffel, sodass nur noch die Spitze herausschaut. An diesem Ende einen Faden befestigen und fertig ist der Christbaumschmuck!

EIN GIFTIGES GEWÄCHS?

Die Kartoffel gehört zu der Familie der Nachtschattengewächse, die alle den Giftstoff Solanin enthalten. Sehr viel von diesem Giftstoff ist z. B. in den Beeren der Tollkirsche enthalten, bei denen schon einige genügen, um einen Menschen zu töten. Viele „Hexenkräuter" wie Alraune, Bilsenkraut, Stechapfel und Lampionpflanze sind ebenfalls Nachtschattengewächse und daher auch giftig. In geringer Menge sind sie geeignet Krankheiten zu heilen und finden in der Medizin Verwendung.
Auch die grünen Kartoffelpflanzen enthalten Solanin. Die Kartoffelschale besitzt davon eine geringe Menge, die beim Kochen ins Wasser übergeht.
Eine im Licht grün gewordene Kartoffel enthält mehr giftiges Solanin und darf deshalb nicht gegessen werden.

EXPERIMENT & SEHEN
GRÜNE KNOLLE

Die Kinder beobachten in dieser Aktion das Ergrünen der Kartoffelknolle unter Lichteinfluss. Knollen, die nicht von Erde bedeckt waren und halb an der Erdoberfläche gewachsen sind, ergeht es genauso.

Alter: ab 5 Jahren
Material: 2 Kartoffelknollen, Schuhschachtel

Jeweils eine Knolle an die Fensterbank legen und eine andere zu Vergleichszwecken in eine Schuhschachtel.

Was passiert?
Nach ca. 1–2 Wochen ist die Fensterbankknolle grün geworden. Durch Schälen der Kartoffel erscheint das Grün besonders deutlich. Je grüner die Kartoffel ist, desto giftiger ist sie auch – daher also nicht mehr essen!
Die Kartoffel in der Schuhschachtel hat sich nicht verändert.

VIELÄUGIGE KARTOFFELN, DIE DOCH NICHT SEHEN KÖNNEN

Kartoffeln haben außen an ihrer Schale so genannte Augen, das sind Vertiefungen mit einem Pünktchen. Das Pünktchen in der kleinen Grube ist eine Knospe, die noch schläft.
Im Frühjahr wachsen aus ihr weiße Triebe heraus (ab einer Temperatur von 4–10 °C), die später grüne Blätter und Wurzeln bekommen. Jedes Auge kann zu einer eigenständigen Kartoffelpflanze heranwachsen, vorausgesetzt die Saatknolle wird zerschnitten. Jede Saatknolle kann entsprechend ihrer Augenzahl genauso viele Kartoffelpflanzen ausbilden.
Ein Teil der weißen Triebe verzweigt sich in der Erde, breitet waagerecht unterirdische Wurzeln und Sprosse aus, deren Enden sich verdicken und zu Tochterknollen (die neuen jungen Kartoffeln!) werden.
Der andere Teil der weißen Triebe dringt durch die Erde nach oben zum Licht, bildet bald Blätter und Blüten und später grüne, tomatenähnliche Früchte.

VON DER KARTOFFELKNOLLE
ZUR PFLANZE

KNOLLENAUSTREIBEN

In dieser Aktion sehen die Kinder, wie aus einer Kartoffel viele neue entstehen können.

Alter: ab 3 Jahren
Material: Speisekartoffeln, kurz vor dem Austreiben (lang gelagerte Kartoffeln, also solche vom Frühjahr treiben in der Wärme besonders schnell aus)

Kartoffeln in die Wärme (aber nicht ans Licht) legen und jeden Tag beobachten:

Was passiert?
Nach einiger Zeit kommen aus ihren Augen weiße bis rosafarbene oder sogar violette Triebe, die immer länger werden. Sie keimen aus. Im Licht ergrünen die Triebe. Jeder dieser Triebe wächst zu einer eigenständigen Kartoffelpflanze heran, wenn die Knolle zerschnitten wird.
Hinweis: Die ausgetriebenen Knollen können für die Gärtnereiaktion „Das Kartoffelbegräbnis" (S. 80) weiter verwendet werden.

KEIMGESTALTEN

KEIMGESTALTEN

Keimende Kartoffeln stellen oft bizarre Gestalten dar und regen die Fantasie an.

Alter: ab 3 Jahren
Material: keimende Kartoffeln

Durch bewusstes Betrachten, Drehen, Aneinanderlegen, Zusammenstecken und etwas Fantasie entdecken und gestalten die Kinder Rieseninsekten, Spinnen, gehörnte Tiere, Vögel, Marsmännchen usw.
Auf dunklem Untergrund sehen die „Keimgestalten" besonders toll aus.

DECKEL ÖFFNE DICH!

Eine kleine Zauberei mit lichthungrigen Kartoffeln!

Alter: ab 5 Jahren
Material: austreibende Kartoffel, Blumentopf mit Erde, Schuhkarton

Die austreibende Kartoffel in einen kleinen Blumentopf mit feuchter Erde stecken und in einen Schuhkarton stellen. Den Schuhkarton mit dem Deckel verschließen. Jeden 2. Tag kurz nachsehen, ob die Erde noch feucht ist (sonst nachgießen).

Was passiert?
Nach ca. einer Woche öffnet sich der Deckel wie von Zauberhand. Lichthungrige Kartoffeltriebe sind so stark, dass sie den Schachteldeckel heben können!

KARTOFFELKÄFER –
BLINDER PASSAGIER AUS AMERIKA

Mit den Kartoffeln ist auch der Kartoffelkäfer als blinder Passagier nach Europa gekommen. Wahrscheinlich saßen in den Erdbrocken der eingeführten Kartoffeln die Larven oder Eier, die sich dann in Europa zu vollen Käfern ausbildeten.

Dieser ca. 1 cm große, schwarz-gelb gestreifte Käfer kann noch dazu 6 Wochen ohne Nahrung überleben, er kann fliegen und vermehrt sich wahnsinnig schnell. Er fand rasch auch den Weg zu den Kartoffeläckern in Europa, denn er hat eine außerordentlich gute Nase. Sein Geruchssinn ist vergleichbar so gut, wie wenn jemand ein Stück Würfelzucker, aufgelöst im Bodensee, schmecken würde.

Kartoffelkäfer sind noch immer eine ernstzunehmende Gefahr für die Kartoffelbauern, da sie und ihre Larven mit Vorliebe und großer Gier das Kartoffelkraut fressen und bei uns in Europa kaum natürliche Fressfeinde haben. Während des 2. Weltkriegs wurden Schulkinder zum Kartoffelkäfereinsammeln ausgeschickt, um die „schwarz-gelbe Gefahr" zu bekämpfen. Das Einsammeln soll sehr unangenehm gewesen sein, scheiden doch die Käfer einen Saft aus, der die Hände anschwellen lässt. Heute wird er großteils noch mit Schädlingsvernichtungsmitteln bekämpft. Erprobt wird aber auch die gezielte biologische Bekämpfung mit Bakterien und Pilzen, ohne anderen nützlichen Insekten zu schaden, um die Umwelt weniger mit giftigen Chemikalien zu belasten.

DER GEFRÄßIGE STRÄFLING

Diese Aktion zeigt im Kleinen, wie schnell Kartoffelkäfer ein ganzes Feld kahl fressen können.

Alter: ab 3 Jahren
Material: großes Gurkenglas, Kartoffelkäfer (frisch vom Feld gesammelt), Kartoffelkraut

Auf einem (morgendlichen) Spaziergang gehen die Kinder ausgerüstet mit einem Gurkenglas auf die Suche nach dem Kartoffelkäfer. Auf Feldern mit biologischem Anbau werden sie leicht fündig!
Sie geben Kartoffelkraut in ihr großes Gurkenglas und setzen einen Käfer dazu. Damit der Sträfling nicht entkommen kann, er aber etwas Luft bekommt, setzen sie den Deckel nur leicht auf. Nun können sie den Tag über beobachten, wie sich der Käfer an das Kraut heranmacht. – Innerhalb weniger Stunden wird der kleine Käfer alles kahl gefressen haben!

KÄFERSUCHE

Alter: ab 5 Jahren
Material: 1 Gegenstand in Käfergröße (toter Kartoffelkäfer, gebastelter Bohnenkäfer [S. 15], als Kartoffelkäfer bemalter Stein), großer Raum

Alle Kinder gehen aus dem Raum, während die Spielleitung den Käfer irgendwo frei hinstellt (nicht versteckt!).
Kommen die Kinder zurück in den Raum, begeben sie sich sofort auf die Käfersuche.
Jedes Kind, das den Käfer entdeckt hat, verrät nichts und setzt sich irgendwo im Raum still auf den Boden.
Das letzte Kind darf zum Trost in der nächsten Runde den Käfer an anderer Stelle deponieren.

KARTOFFELKÄFERKARTOFFEL

Diese Käfer sehen auf einer blühenden Kartoffelpflanze täuschend echt aus, besonders wenn sie in Massen auftreten!

Alter: ab 6 Jahren
Material: kleine Kartoffel, Kinderschnitzmesser, Schneidbrett, Zahnstocher

Kartoffel der Länge nach halbieren und das vordere Drittel bis auf ein paar Schalenflecken schälen.
In den verbliebenen hinteren zwei Drittel des Käfers Längsstreifen einschnitzen.
Der Käfer bekommt noch 6 Zahnstocherfüße und 2 Zahnstocherfühler.

KARTOFFELKÄFER AUS DEM BACKROHR

Zutaten: große mehlige Kartoffeln, Olivenöl, Kräutersalz, Kümmelsamen

Kartoffeln gut waschen und bürsten.
Die Kartoffeln wie oben beschrieben – nur ohne Füße und Fühler – in Kartoffelkäferform bringen.
Für die Augen kleine Schlitze ausschneiden und Kümmelsamen einlegen.
Die „Käfer" mit Olivenöl bepinseln, salzen und bei 220 °C im Ofen (obere Schiene) backen, bis sie gar sind (dauert bei mittelgroßen Kartoffeln ca. 45 min).

VON DER HASELNUSSKARTOFFEL ZUR TOMATOFFEL

In den Bergen Südamerikas, in den Anden, wachsen die wilden Kartoffeln, die zwar hohe Stauden bilden, aber nur Haselnuss große Knollen tragen. Aus ihnen züchteten die Inkas viele verschiedene Kartoffelsorten, die ganz anders als unsere heutigen ausgesehen haben: viel kleiner, länglich und gebogen, fast wie Essiggurken!

Weltweit gibt es etwa 2000 verschiedene Kartoffelsorten, davon in unseren Breitengraden ca. 160. Sie unterscheiden sich nicht nur im Aussehen, sondern auch durch ihren Erntezeitpunkt: Da gibt es die Frühkartoffeln, bei denen die Schale so dünn ist, dass sie mitgegessen werden kann, und späte Sorten mit dicken Schalen, die eingelagert werden können. Manche Sorten sind außen rosa oder sogar violett, innen blau oder rötlich und die äußere Form lang gezogen oder kugelrund mit roten Augen. Immer werden wieder neue Sorten gezüchtet: In England wurden sogar Kartoffeln mit einem Gen einer fluoreszierenden Qualle ausgestattet. Die Kartoffeln leuchten immer dann grün auf, wenn das Wasser auf dem Feld knapp wird. Es gibt auch immer wieder Versuche eine Tomatoffel zu züchten: oberirdisch eine Tomate und unterirdisch eine Kartoffel. Wäre eine tolle Platzausnutzung!

Ganz besondere Kartoffelformen entstehen durch abnormen Wuchs auf steinigen Böden. Solche „Monsterkartoffeln" sind zum Basteln und Werken sehr brauchbar!

SPIEL

KARTOFFELSORTEN-AUSSTELLUNG

Die Vielfalt der Kartoffelsorten wird hier begreifbar.

Alter: ab 6 Jahren
Material: besondere Kartoffelsorten, Papierkärtchen

Die Kinder besorgen verschiedenste Kartoffelsorten und stellen sie mit Namenskärtchen inklusive Herkunft und Beschreibung aus.

FANTASIEVOLLE VARIANTE

KARTOFFELSORTEN DER ZUKUNFT

Material: Kartoffeln, diverses Bastel- und Malmaterial

Die Kinder verändern Kartoffeln unter Verwendung von unterschiedlichen Materialien und preisen sie durch entsprechende Beschreibung als Kartoffelsorte der Zukunft an.

Beispiele:

Sorte Papagalla: Kartoffelsorte, die gerne in der Sonne liegt und dabei niemals grün wird; braucht daher auch nicht angehäufelt werden!
Dieser Kartoffel eine selbst gemachte kleine Sonnenbrille aufsetzen und mit Sommersprossen bemalen.

Sorte Belladonna: Macht dem Käufer extra große schöne Augen!
Die Augen dieser Kartoffel durch Bemalung vergrößern und bewimpern …

Sorte Arctica: Kartoffel, die die Kälte liebt und auch im Winter gepflanzt werden kann!
Diese Kartoffel bekommt ein warmes Felljäckchen angezogen.

ARCTICA
Kälteresistent, kann auch im Winter gepflanzt werden

BILLA
Geeignet für Scannerkassen

PAPAGALLA
Licht- und UV-beständig wird nicht grün.

KARTOFFELROLLEN

Alter: ab 4 Jahren
Anzahl: mind. 6 Kinder
Material: 2 kugelförmige Kartoffeln, 2 Stöcke, Kreide

Die Kinder teilen sich in 2 Gruppen auf (mit jeweils mindestens 3 Kindern).
Die Spielleitung zeichnet auf den Boden mit Kreide drei Kreise und eine Startlinie.
Die beiden Gruppen stehen in Reihen auf gleicher Höhe. Die beiden ersten Kinder haben einen Stock in der Hand und eine Kartoffel vor sich liegen.
Auf „Los!" rollen die beiden Ersten ihre Kartoffel mit dem Stock durch die 3 Kreise und wieder zurück zur Startlinie. Jetzt erhält das nächste Kind den Stock und das geht in der Staffel so weiter. Gewonnen hat die schnellere Gruppe.

KNOLLIGE TIERE

Alter: ab 4 Jahren
Material: unterschiedliche Kartoffelsorten, besonders solche mit skurrilen Formen (Bauern schenken sie oft her, weil sie nicht „verkaufbar" sind), Zahnstocher, Schaschlikstäbchen

Eine Kartoffel mit einem kopfförmigen Auswuchs lädt geradezu dazu ein, ihr Mund, Nase und Augen einzuschnitzen bzw. zu stechen; und selbst das ist oft nicht notwendig, denn mit etwas Fantasie ergibt schon die Form der Kartoffel bzw. die Kombination mit einer zweiten die unterschiedlichsten Tiere.
Verwachsene Kartoffeln und so genannte „Zwillinge" sind besonders reizvoll.

Mithilfe von Zahnstochern setzen die Kinder die Tiere zusammen.
„Knollige" Tiere sind dafür am besten geeignet, dazu gehören Nilpferde, Kamele, Elche, Elefanten, Walrösser, pummelige Hunde, Hasen, Mäuse, Enten, Igel, Pinguine, Ungeheuer, Monster ...
Fehlende Stoßzähne, Schnurrhaare, Beine oder Stacheln ergänzen die Kinder mit Zahnstochern oder Schaschlikstäbchen.

ERDÄPFEL SIND FALSCH

Text und Musik: Jürgen Geißelbrecht

Hinweis: Je nach Musikalität der Kinder können sie das Ostinato am Anfang ein- oder zweistimmig singen oder auch nur im Takt sprechen. Während der Strophe kann das Ostinato sogar weiter geführt werden, da wird es dann aber schon schwierig die Stimme zu halten. Der Ausruf „… sind falsch!" sollte möglichst laut werden, vor allem ganz am Schluss.

HEIßE KARTOFFEL

Im übertragenen Sinn bedeutet „Heiße Kartoffel" eigentlich ein unangenehmes Problem, mit dem sich niemand beschäftigen will.

Wenn Kartoffeln mit Schale (!) frisch vom Kochtopf auf den Teller gelangen und sie von außen befühlt werden, erscheinen sie gerade richtig warm zum Essen. Ein großes Stück davon aber in den Mund gesteckt, wird die Zunge ein wenig verbrennen. Innen war die Kartoffel nämlich noch heiß.

Schön falsch, so eine Kartoffel! Die Schale der Kartoffel ist der Grund für die schlechte Wärmeleitung.

Weil Kartoffeln die Wärme so lange speichern können, wurden heiße Kartoffeln einst auch als Handwärmer verwendet. Die Kinder mussten früher viel weiter zur Schule gehen als heute, weil es noch keine Schulbusse gab. Da waren die Finger im Winter oft ziemlich kalt. Mit einer heißen Kartoffel in der Manteltasche war aber alles nicht so schlimm.

Kartoffeln können nicht nur Hitze sondern auch Feuchtigkeit sehr lange halten und dadurch stark in die Tiefe wirken, wo sie den Schmerz lindern. Bei Verbrennungen oder krampfartigen Schmerzen kann warmer Kartoffelbrei auf der schmerzhaften Stelle Wunder bewirken.

FÜHLEN & SPIEL

DOPPELFUNKTION – JONGLIERBALL UND HANDWÄRMER

Kartoffeln können sogar 2 Dinge gleichzeitig erfüllen: Wärmen und Unterhalten! Besonders empfehlenswert für kalte Wintertage!

Alter: ab 6 Jahren
Material: mittelgroße Kartoffeln

Kartoffeln waschen und im Ofen bei ca. 150 °C 1 Stunde lang aufheizen.

Jonglierball: Die Kinder jonglieren mit 3 noch heißen Kartoffeln. Da sie die Kartoffeln wahrscheinlich nicht besonders lange in der Hand behalten können, ist es das beste Jongliertraining!

Handwärmer: Heiße Kartoffeln halten Manteltaschen ca. 1 Stunde lang warm. Mit Fäustlingen lassen sich die Kartoffeln auch frisch aus dem Backrohr angreifen.

Praktisch: Bei großem Hunger ist gleich eine Jause dabei!

SPIEL

HEIßE KARTOFFEL

Alter: ab 4 Jahren
Material: 1 Kartoffel, Musik

Alle Kinder sitzen im Kreis.

Beginnt die Musik, lassen die Kinder eine „heiße" Kartoffel so schnell wie möglich im Uhrzeigersinn von Hand zu Hand gehen.

Stoppt die Musik, hat sich das Kind, das die Kartoffel gerade hat, verbrannt und muss leider ausscheiden.

Das geht so lange, bis nur noch ein Kind übrig bleibt.

SONNENBRÄTER

Die Kraft der Sonnenstrahlen wird in dieser Aktion deutlich.

Alter: ab 4 Jahren
Material: 1 kleine Kartoffel, 1 Körbchen, Alufolie, 1 Nagel, sonniger heißer Tag

Ein kleines Körbchen mit Alufolie mit der glänzenden Seite nach oben auskleiden.
Durch die Mitte des Körbchens und die Alufolie von unten einen Nagel stechen und die Kartoffel daran aufspießen. Die Alufolie möglichst glatt streichen.
An einem sonnigen (möglichst heißen) Tag das Körbchen so ins Freie stellen, dass es optimal auf die Sonne gerichtet ist, d.h. auch etwas schräg stellen und immer wieder auf die Sonne ausrichten.

Was passiert?
Die Sonnenstrahlen werden durch die Aluminiumfolie in der Mitte der Schüssel gebündelt. Dadurch entsteht dort eine sehr hohe Temperatur, die die Kartoffel heiß werden und sogar etwas duften lässt. Ist die Sonne besonders klar und der Sonnentag lang, besteht die Aussicht, dass die Kartoffel bis zum Abend durchgegart ist.

DIE STARKE KNOLLE

Kartoffeln bestehen großteils aus Wasser (80%). Damit die Kartoffel bei dem hohen Wasseranteil nicht austrocknet, ist sie von einer dünnen Haut, der Kartoffelschale, umgeben. Ohne Schale entsteht daraus sehr rasch eine Schrumpelknolle.
Unter den festen Bestandteilen machen Vitamine, Mineralstoffe und Stärke die Kartoffel in vielerlei Hinsicht zu einer starken Knolle, auch für den Menschen. Kartoffeln sind in Form von Stärkemehl auch in nicht essbaren Dingen verarbeitet, zum Beispiel in Leim, Papier, Puder, Medikamenten, Tesafilm oder Windeln. Für die Kartoffel selbst ist die Stärke ein Nährstoff für ihre jungen Triebe.

BASTELN & EXPERIMENT

SCHRUMPFKÖPFE

Hier wird der hohe Wasseranteil der Kartoffeln für „Kunstzwecke" ausgenützt. Gleichzeitig sind diese Kunstwerke ein Verdunstungs-Experiment.

Alter: ab 6 Jahren
Material: Kartoffeln, Schnitzmesser, Schaschlikstäbchen, Stecknadeln

Kartoffel teilweise schälen und mit wenigen Schnitten in Köpfe von Zauberern, Hexen, Schweinen, Mäusen, … verwandeln. Die Augen aus Stecknadeln mit bunten Köpfen stecken.

Die fertigen Knollengesichter auf feste Holzstäbe stecken und in der Sonne oder über der Heizung austrocknen lassen.

Die Köpfe erscheinen umso schauriger, je mehr sie austrocknen. Insbesondere vollkommen geschälte Kartoffeln verwandeln sich zu herrlichen Schrumpfköpfen – der hohe Wassergehalt der Kartoffeln wird dadurch deutlich sichtbar.
Übrigens: Die Schrumpfköpfe sind jahrelang haltbar und können für gruselige Kasperltheateraufführungen Verwendung finden.

EXPERIMENT

INNENLEBEN DER KARTOFFEL

Wie viel Wasser eine Kartoffel enthält und wie Stärke aussieht, erfahren Kinder in dieser Aktion.

Alter: ab 6 Jahren
Material: mehlige Kartoffel, Küchenreibe, Kaffeefilter, 2 Schüsseln, eventuell Mikroskop

Kartoffel möglichst fein mit einer Küchenreibe in eine Schüssel reiben. Nach einiger Zeit setzt sich je nach Sorte mehr oder weniger Wasser ab (bei mehligen weniger als bei speckigen).
Den Kartoffelbrei über einen Kaffeefilter (oder ein feines Tuch) in eine zweite Schüssel gießen, etwas Wasser nachgießen und Filter gut ausdrücken.
Den Kartoffelsaft, der unter dem Filter herausgekommen ist, 20 Min. stehen lassen und dann vorsichtig (ohne die Schüssel zu stark zu bewegen) abgießen.
Am Boden der Schüssel hat sich ein weißes Pulver abgesetzt. Das ist die Stärke. Mehlige Kartoffeln enthalten viel mehr Stärke als speckige. Im Mikroskop können Kinder die Stärke in Form von Körnern betrachten.

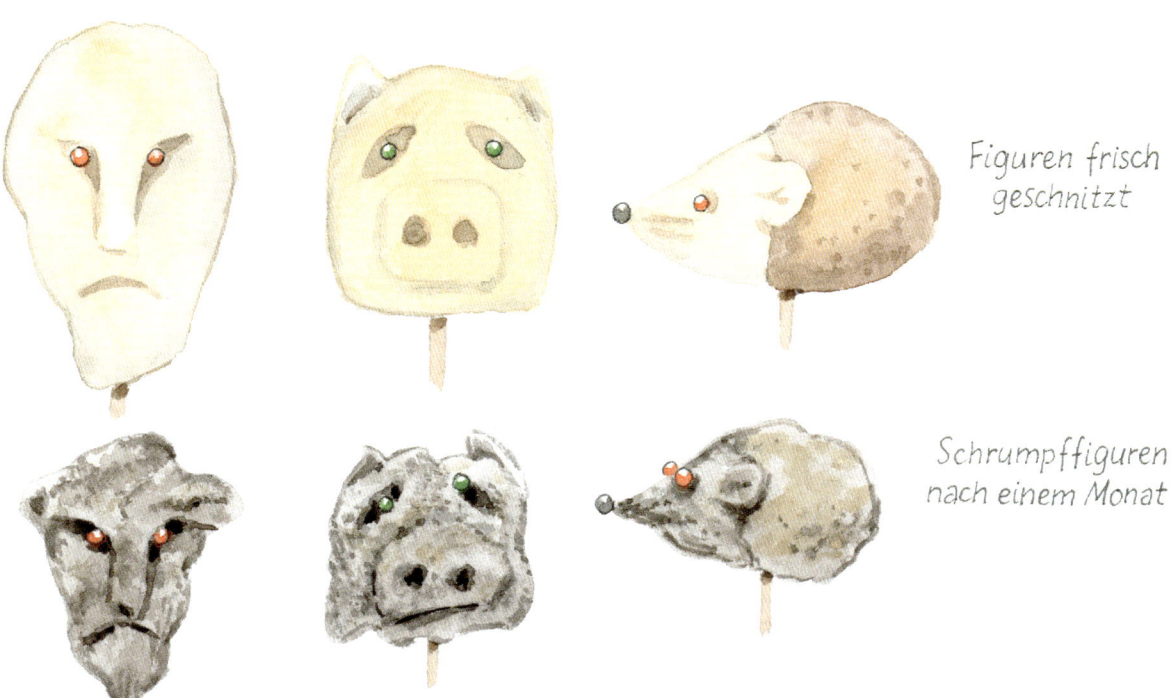

Figuren frisch geschnitzt

Schrumpffiguren nach einem Monat

STÄRKEKLEISTER KOCHEN

Durch Erwärmung quellen Stärkekörner im Wasser auf und verkleistern zu einer zähen Masse ähnlich einem Tapetenkleister (der ja auch aus Stärke besteht).

Material: Stärke von 3 Kartoffeln von der Aktion „Innenleben" (S. 75), Wasser, Kochtopf, Schneebesen, Schraubglas

$1/2$ Tasse Wasser zum Kochen bringen und mit einem Schneebesen die Stärke einrühren.
Die Masse unter Rühren aufkochen lassen. Sie schäumt auf und entwickelt sich zu einer dicklich-schleimigen puddingähnlichen Masse, dem Kleister.
Den Kleister in ein Schraubglas füllen und abkühlen lassen (Deckel noch offen lassen, solange der Kleister warm ist).
Der tolle Kleber ist fertig!

KNOLLI ODER SLIMY!

Kleisteranwendung

Alter: ab 4 Jahren

KNOLLI

Material: Stärkekleister, WC-Papier, Wasser, Schüssel, Holzstab

WC-Papier in kleine Fetzchen reißen, Wasser zugeben, ausdrücken und mit dem Kleister zu einer teigartigen gut formbaren Masse kneten. Die Kinder formen daraus Erdäpfelknollengesichter und stecken sie auf einen Holzstab.

SLIMY

Material: Stärkekleister, Lebensmittelfarbe, Weißglasflasche

Stärkekleister mit Lebensmittelfarbe färben und in eine schöne Glasflasche füllen.
Slimy kann darin hinauf- und hinunterglibbern. Besonders hexisch daran ist, dass sich am nächsten Tag sowohl Farbe als auch Konsistenz von selbst verändert (z.B. aus gelb und glibberig wird grün und flüssig).
Hinweis: Slimy ist nur begrenzt haltbar: nach einigen Tagen beginnt er zu gären. Slimy kann auch Knollis Gesicht färben und glätten.

VON POMMES FRITES UND KARTOFFELDIÄTEN

Angeblich sind Pommes frites eine Erfindung der Belgier. Sie wollten mit der Stäbchenform Fischchen imitieren, die im Winter zwangsweise durch Kartoffeln ersetzt wurden.
In England heißen sie Chips, so wie bei uns das Knabbergebäck.
„Pommes" gibt es beinahe auf der ganzen Welt – und das ist auch kein Wunder, denn sie schmecken und sättigen wirklich gut. Einziger Nachteil: Sie machen dick, weil sie im Fett schwimmend heraus gebacken werden.
Da sind Kartoffelpüree und Folienkartoffeln schon viel gesünder und etwas abgewandelt mit viel Spaß zu essen.

SCHMECKEN & SPIEL

KARTOFFELPÜREELANDSCHAFT

Je mehr Kinder mitessen, desto spaßiger!

Zutaten: 2 große mehlig kochende Kartoffeln und $^1/_{16}$ l Milch pro Esser, Salz, Butter, Broccoli
Material: Druckkochtopf oder Kartoffeldämpfer, Kartoffelstampfer, große flache Schüssel

Vorbereitung

Kartoffeln im Druckkochtopf oder Kartoffeldämpfer garen lassen, schälen und mit einem Kartoffelstampfer zerdrücken.

In einem großen Topf die Milch erwärmen, Kartoffeln zugeben und gut vermischen.
Damit das Püree gut schmeckt, kräftig salzen. Es muss so fest sein, dass ein Löffel darinnen stecken bleibt. Wenn es zu flüssig ist, noch Kartoffeln zugeben, sonst können die Kinder keine Gräben ziehen.
Hinweis: Für das Kartoffelpüree niemals einen Pürierstab verwenden. Es entsteht sonst klebriger Kaugummi-Kartoffelbrei!
Broccoli in Röschen zerteilen und kurz in etwas Wasser dünsten.
Die **Butter** zerlassen.

Das Spaßessen

Für das Spaßessen kommt der ganze Berg Kartoffelpüree in eine große flache Schüssel in die Mitte eines Tisches. Auf den Berg dürfen die Kinder kleine Broccoli-Wäldchen stecken. Den Gipfel wie bei einem Vulkan eintrichtern und den Krater mit Buttersaftlava füllen.

Jeder Mit-Esser „bewaffnet" sich mit einem kleinen (!) Löffel.
Auf „Los" geht es los: Jedes Kind versucht durch „Bau" von Gruben, Kanälen, Tunneln und Abzugsgräben, den Lavastrom zu sich zu leiten.
Besonders gemein sind natürlich Dämme. Manche Kinder bevorzugen auch Kahlschlag.
Nicht erlaubt ist es, die Schüssel seitlich zu neigen!

Gefärbte Variante: Noch vielfältiger sieht die Püreelandschaft aus, wenn das Püree durch zugefügtes Gemüse unterschiedlich gefärbt ist: Grün – mit pürierten Tiefkühlerbsen; Rot – mit pürierten roten Rüben; Orange – mit pürierten Karotten oder ein paar Fädchen Safran.

KNUSPERCHIPS

Schmecken noch besser als Chips aus der Packung und sind viel gesünder!

Zutaten: Kartoffeln, grober Gurkenhobel, Öl, Kasserolle, Salz

Backrohr auf 250 °C vorheizen.
Kartoffeln schälen und mit einem Gurkenhobel in dünne Scheiben hobeln.
In die Kasserolle ca. 5 EL Öl geben und die Kartoffelscheiben darin wenden.
Ins Backrohr (obere Stufe) geben und knusprig backen, die Scheiben immer wieder wenden.
Nach ca. 1 Stunde sind die Chips fertig und können gesalzen serviert werden.

FREUNDE UND FEINDE

Kartoffeln lieben die Nachbarschaft von Kohlrabi und Spinat. Sonnenblumen, Erbsen und Tomaten mögen sie gar nicht gerne in ihrer Nähe haben.

Eine gefährliche Kartoffelkrankheit ist die Kraut- oder Kartoffelfäule, die auch die verwandten Tomaten befallen kann. Der Erreger ist ein Pilz, der sich bei lang anhaltendem Regenwetter, Kälte und schweren Böden einstellt. Die Knollen verfaulen dann zu einer schwarzen, übel riechenden Masse.

Im 19. Jahrhundert trat die Kartoffelfäule in Irland auf. Da die Kartoffel damals das fast einzige Nahrungsmittel der armen Iren war, wurde das zur Katastrophe. Viele Millionen Iren mussten verhungern, wer konnte, wanderte als Folge dieser „Kartoffelpest" nach Nordamerika aus.

Ärger mit der Nachbarschaft

Evamarie Taferner

Der kleine Stoffel Kartoffel lag in einem Korb auf dem Acker des Hansenbauern. Die Sonne brannte ihm ganz ordentlich auf den Rücken. Dadurch fühlte er sich ein bisschen unbehaglich nach dem langen Winter im dunklen Keller. Aber nun hatte das lange Warten ein Ende. Gleich würde ihn der Bauer in die Erde versenken. Er freute sich auf die Geborgenheit, die würde ihm wohl tun. Viel Arbeit erwartete ihn dort unten, aber er konnte es kaum mehr erwarten damit anzufangen.

Da tönte in seine friedlichen Gedanken eine keifende Stimme. Sie kam ihm bekannt vor.

„Was sagst du nun, Beate Tomate? Statt dass man neben uns, wie es sich gehört hätte, nette feine Leute angesiedelt hätte, wie zum Beispiel Spinat, Fenchel oder Spargel, eben eine kultivierte Gesellschaft, müssen wir mit unserer einfältigen Kartoffelverwandtschaft vorlieb nehmen! Vor lauter Ärger rollen sich meine Blätter zusammen und ich spüre Migräne in meinen Trieben. Wie sollen wir uns denn mit diesen Lümmeln unterhalten?"

„Am besten gar nicht", platzte Stoffel Kartoffel laut heraus. „Das wäre uns am allerliebsten, Renate Tomate! Ja, die Verwandten und die Nachbarschaft, die kann man sich nicht aussuchen. Warum bist du bloß so hochmütig? Das, was ihr über der Erde stolz zur Schau tragt, das leisten wir im Verborgenen unter der Erde. Ihr wollt so hoch hinaus, dass euch die Menschen mit Stöcken stützen müssen, da ihr sonst patsch am Boden liegt!"

„Unsere zarten Triebe und die edlen Früchte zeigen eben unsere Vornehmheit. Die Menschen schätzen uns mehr als euch, darum hegen und pflegen sie uns. Aber das verstehst du nicht. Was bringst du denn schon zustande? Kleine grüne und noch dazu giftige Früchte, das ist alles! Vergleiche dagegen unsere wunderbaren, orangeroten Paradiesäpfel, dann erkennst du, welche Welten zwischen uns liegen! Das muss wohl ein Irrtum der Natur sein, denn ich fühle mich keineswegs mit euch verwandt.

Was seid ihr denn? Ungewaschene, mit Schmutz verkrustete „Erdäpfel", Sandler seid ihr, sonst gar nichts!"

Das war selbst einem so gutmütigen Kerl wie Stoffel Kartoffel zuviel. Seine Augen fingen zu glühen an, dann legte er los:

„Nur weil die Haut deiner Früchte glatt und glänzend ist und ihre Farbe wie eine rote Glühbirne leuchtet bist du so eingebildet. Ich glaube in deinem Kopf ist lauter Quatschmatsch! Ich könnte auf deine Verwandtschaft ebenfalls gerne verzichten!

Aber jetzt sage ich dir noch das Eine: Am Ende erleiden deine wie meine Nachkommen das gleiche Schicksal: Alle landen in den Bäuchen der Menschen, so oder so. Beruhige dich also, Base Renate Tomate. Trage deine Nase nicht zu hoch, sonst fällst du darauf und sie zerplatzt!"

Renate und Beate Tomate waren sprachlos. Sie sahen sich an und klimperten nervös mit den Augenlidern.

Stoffel Kartoffel aber schaute gelassen dem Bauern entgegen, der ihn im nächsten Augenblick in seine Pflanzgrube legte und gut mit Erde bedeckte.

Im Winter stand auf dem Küchentisch des Hansenbauern eine Schüssel voll duftender Bratkartoffeln. Dazu gab es zerquetschtes Tomatenmark!

Variante: Aufführung dieser Geschichte als Gemüsetheater (siehe Kapitel: Die ganze Gemüse-palette).

TIPPS UND TRICKS FÜR DEN EIGENEN GARTEN

Nichts ist so einfach wie der Anbau von Kartoffeln:
- Ein Loch in die Erde graben,
- Kartoffel hineinstecken,
- Loch zu machen
- und Kartoffelpflanze wachsen lassen.

Nach einigen Monaten Geduld und etwas Aufhäufeln und Nachgraben gibt es zur Belohnung ein Dutzend praller neuer Tochterkartoffeln.

Und dafür reicht schon ein großer Blumentopf und ein Balkon.

GÄRTNEREI

DAS KARTOFFELBEGRÄBNIS

Nicht besser als so können Kinder die Vermehrung der Kartoffel begreifen.

Alter: ab 3 Jahren
Material: 1 vorgekeimte Kartoffel (Saatkartoffeln sind kleiner und bilden mehr Augen), 1 großer Blumentopf (ca. so groß wie ein Putzkübel), Blumenerde

Blumentopf zur Hälfte mit Erde füllen und die Kartoffel in die Erde stecken. Regelmäßig gießen.

Wenn das Pflänzchen ans Licht kommt, ein wenig Erde anhäufeln. Das so lange wiederholen, bis der Kübel voll ist. Mit diesem Trick lässt sich die Kartoffel überlisten, damit sie möglichst viele Tochterknollen bildet.

Wachsen lassen und die Erde immer wieder feucht halten.

Sobald die Kartoffelpflanze blüht, beginnen die Knollen zu wachsen.

Wenn ihr Kraut welk und vertrocknet ist, dürfen die Kinder buddeln, denn dann sind die Tochterknollen reif. Zwischen den frischen Knollen finden sie wahrscheinlich auch noch die alte graue Schrumpel-Mamaknolle (zumindest ihre Schale).

KÜRBIS –
EIN KOPF VOLLER ÜBERRASCHUNGEN

Ist ein kleines Plätzchen auf dem Komposthaufen frei? Ja? Das ist ja toll!
Schnell eine Kürbispflanze besorgen, dort eingraben, anfangs ein bisschen gießen und dann sehen, fühlen, schmecken, riechen, basteln und und und ... – denn Kürbisse sind nicht nur zu Halloween attraktiv!

Steckbrief

Blüte: einhäusig (männliche und weibliche Blüten), große, gelbe, pollenreiche Trichterblumen
Frucht: Beere, Tierausbreitung, mit Kürbissamen
Blatt: gezackt, rau, Blattranken

Was ist noch besonders?
- Tropenpflanze (trop. Amerika)
- größte Pollenkörner der bei uns wachsenden Pflanzen (0,2 mm)
- Beeren gehören zu den größten Früchten überhaupt
- wärmebedürftig
- sehr schnell wachsend

Stängel: meist hohl, mit Stachelhaaren, bis zu 10 m lang kletternd

	APR.	MAI	JUN.	JUL.	AUG.	SEP.	OKT.
BLÜTE			■	■	■	■	
ERNTE				■	■	■	■

EINE TROPISCHE KLETTERPFLANZE

Der Kürbis ist eine Kletterpflanze aus den tropischen Gegenden Amerikas. Die Spanier, die die „Neue Welt" eroberten, brachten auch den Kürbis zu uns.

Kürbisse wachsen am Boden auf liegenden oder kletternden Ranken, die sich sowohl nach links als auch nach rechts winden können. Sie wachsen viele Meter lang und vollziehen dabei unterschiedliche Drehungen.

Kürbispflanzen haben lange haarige, meist hohle Stängel mit besonderem Saft, große gezackte Blätter, die sich gleichzeitig samtig und stachelig anfühlen und wunderschöne, trichterförmige, gelbe Blüten.

SPIEL & EXPERIMENT

KÜRBISLEITUNG

Fast alle Kürbisse besitzen hohle Stängel, welche die Größe von normalen Gartenschläuchen erreichen. Durch ihre hell- bis weißgrüne Farbe können Kinder das Wasser darin sogar fließen sehen.

Alter: ab 3 Jahren (zusammen mit älteren Kindern oder Erwachsenen)
Material: hohle Stängelstücke von Kürbis- oder Zucchinipflanzen, Gartenschere, Gießkanne, Eimer, Wasser, Stiege oder leicht abfallendes Gelände, eventuell Tinte zum Wasserfärben

Die Kinder schneiden Kürbisstängel mit einer Gartenschere in 10–20 cm lange Stücke, stecken jeweils ein dickes und ein dünnes Ende zusammen und platzieren die Kürbisleitung auf einer Stiege oder einem abfallendem Gelände. An das untere Ende stellen sie ein Auffanggefäß (z.B. Eimer).

In das obere Ende füllen sie mit einer Gießkanne Wasser ein.

Da der Kürbisschlauch leicht durchsichtig ist, können die Kinder den Durchfluss des Wassers beobachten – wenn sie das Wasser mit Tinte färben, sehen sie den Durchfluss noch deutlicher.

EXPERIMENT & SEHEN

STÄNGELSAFTBLASEN

Schillernde Blasen lassen sich aus Kürbisstängelsaft pusten!

Alter: ab 6 Jahren
Material: frisch abgeschnittene Kürbisstängel (oder Gurkenstängel), hohles knotenfreies Grashalmstück mit einem Röhrendurchmesser von ca. $1/2$ mm, Wasser

Frischen Saft aus Kürbisstängel auspressen (schäumt auf) und eventuell mit ganz wenig Wasser verdünnen.

Das Ende des Grashalmes in die Flüssigkeit tunken.

Am anderen Ende des Halmes vorsichtig Luft durchpusten.

Es entstehen dadurch Blasen, die im Licht ähnlich wie Seifenblasen schillern.

Schaffen es die Kinder viel Saft mit dem Halm aufzufangen, können sogar Blasen von mehreren Zentimetern Durchmesser entstehen.

SO VIELE GESICHTER: WARZENSCHWEINE UND 400 KG MONSTER

Die ersten wild wachsenden Kürbisse waren bitter und ungefähr so klein wie Marillen. Die Ureinwohner knabberten wahrscheinlich nur die Kerne. Später bauten sie die Kürbisse auch an und suchten immer die Kerne der größten und am wenigsten bitteren Früchte heraus. So wurden die Früchte immer größer und süßer. Botanisch gesehen ist der Kürbis eine Beere, allerdings eine ziemlich große, denn Kürbisse können bis 50 kg schwer werden. Es gibt auch spezielle Riesenkürbissorten, die 100 kg oder mehr erreichen können und täglich mehrere hundert Liter Wasser schlucken. Der bisher schwerste Kürbis steht im Guinness Buch der Rekorde: 477 kg aus den USA! Es gibt aber auch Kürbisse, die so klein wie Tennisbälle sind und natürlich alle Größen dazwischen. Besonders mannigfaltig sind Zierkürbisse. Es gibt sie in allen möglichen Farben und Formen und auch die Schale kann runzlig, warzig, glatt vernetzt, gerippt oder sonst irgendwie sein. Beim Turbankürbis ist die untere Kugelhälfte kleiner und anders gefärbt als die obere. Auch beim Fruchtfleisch gibt es große Variationen in der Farbe (von weiß bis dunkelorange) und in der Zusammensetzung: Das Innere des Spaghettikürbisses sieht z.B. wie ein Berg Spaghetti aus.

FÜHLEN & SPIEL
KÜRBISFÜHLUNG

Die Vielfalt der Kürbisse in Form und Außenschale erfühlen die Kinder in diesem Spiel.

Alter: ab 4 Jahren
Material: ca. 15 verschiedene Zierkürbisse (in Form, Größe oder äußerer Schale unterschiedlich), Tuch zum Augenverbinden, Tisch

Die Spielleitung legt verschiedene Kürbisse auf einen Tisch und stellt jeden Kürbis mit einer Bezeichnung vor, z.B. die warzige Kugel, das dicke Ei, die glatte Flasche, die knubbelige Birne ...
Die Spielleitung verbindet jeweils einem Kind die Augen, die anderen Kinder vertauschen inzwischen die Plätze der Kürbisse.
Das Kind befühlt die Kürbisse – gelingt es alle Bezeichnungen richtig zuzuordnen?

SEHEN & SCHMECKEN

KÜRBISSPAGHETTI

Ein Spaghetti-Festessen anderer Art! Diese besonderen Spaghetti können die Kinder genauso um eine Gabel rollen wie die Originale.

Alter: ab 6 Jahren (mit Hilfe eines Erwachsenen)
Zutaten: 1 Spaghetti-Kürbis, Butter, Salz, Pfeffer, Schinkenstreifen, Parmesan

Wasser in einem großen Topf zum Kochen bringen, Spaghetti-Kürbis als Ganzes einlegen und ca. 45 Minuten ziehen lassen. Das Wasser sollte nicht sprudelnd kochen, da sonst die dünne Kürbishaut platzt.

Kürbis aus dem Wasser heben, der Länge nach aufschneiden und den innersten Bereich mit den Kernen entfernen.

Die Kürbishälften gleich als Schüssel verwenden, auf dem noch heißen Kürbis ein Stück Butter zerlassen, salzen und mit Parmesan und Schinkenstreifen bestreuen.

Zuletzt die „Spaghetti" mit einer Gabel herauslösen und vorsichtig auf einen Teller heben.

ALLES IST ESSBAR

Ein altes italienisches Sprichwort über den Kürbis besagt: „Nur der Stängel bleibt übrig und der brennt gut im Ofen!" Bis auf den Stängel und die älteren Blätter ist beim Kürbis wirklich alles essbar. Nicht nur für das Auge wunderschön sind seine großen gelb-orangen Röhrenblüten. Gefüllt mit den eigenen Lieblingszutaten sind sie eine Spezialität.

In schlechten Zeiten wurden die Blätter wie Spinat zubereitet und die Kürbisschalen getrocknet, später in Wasser eingeweicht, in Salzwasser gekocht und in Mehl gewendet ausgebacken.

Sonst war der Kürbis früher hauptsächlich Viehfutter. Erst in letzter Zeit ist er in feine Küchen eingezogen.

Übrigens: Gute Kürbisse schmecken auch roh!

SCHMECKEN
GEFÜLLTE KÜRBISBLÜTEN

Kürbisse besitzen männliche und weibliche Blüten. Die weiblichen besitzen kurze Stiele und einen kugeligen Fruchtknoten, aus dem sich im Laufe der Zeit der Kürbis entwickelt. Die männlichen haben einen sehr langen Stiel und werden mit gutem Gewissen geerntet, da sich aus ihnen sowieso kein Kürbis entwickelt. Zwecks Befruchtung werden nur einige wenige stehen gelassen.

Zutaten: Kürbisblüten (hauptsächlich männliche), feuerfeste Form, 3 EL Olivenöl, für die Füllung je nach Geschmack: Schinken, Speck, Salami, Mozzarella, Thunfisch, Mais, ...

Blüten am besten frisch ernten (geöffnete Blütenkelche sind leichter zu füllen) und gut waschen, da sich darin meist einige Insekten verkriechen. Mit der gewünschten Mischung füllen, zusammen mit dem Öl in eine feuerfeste Form geben und im Ofen bei 180 °C ca. 30 Min. backen. Dazwischen einmal wenden.

GEBACKENE KÜRBISBLÜTEN

Süße Variante

Zutaten: 12 Kürbisblüten, 2 Eier, 40 g Zucker, 1 Prise Salz, $1/4$ l Milch, 250 g Mehl, Fett zum Herausbacken

Blüten waschen und vorsichtig abtrocknen. Eier mit Zucker und Salz schaumig schlagen, die Milch und das Mehl unterheben. Blüten durch den Teig ziehen und im heißen Fett kurz herausbacken. Dazu passt Preiselbeerkompott.

SEHEN
KÜRBISERÖFFNUNG

Eine sehenswerte Kürbisüberraschung!

Alter: ab 3 Jahren
Material: kleine Kürbisse, harter Boden (am besten im Freien)

Kürbisse mit dem Messer zu zerteilen ist sehr mühsam, weil ihre Schale meist sehr hart ist. Am einfachsten und „kinderleicht" ist es, ihn auf dem Balkon oder im Garten auf einen harten Boden fallen zu lassen: Er zerfällt exakt in zwei Teile. Die Kerne lassen sich dann ganz einfach herausnehmen.

SCHMECKEN
KÜRBISMELONEN

Zutaten: 1 Winterkürbis (Muskatkürbis, Butternuss ...), Butter, Ahornsirup, feuerfeste Form

Den Backofen auf 200° vorheizen
In der Zwischenzeit den Kürbis waschen, „fallen lassen"(s. o.) und die Kürbishälften in große Spalten schneiden.
Die Spalten mit der Schalenseite nach unten in eine feuerfeste Form legen und backen bis das Fruchtfleisch weich ist.
Anschließend mit Butter und Ahornsirup verfeinern und wie eine Melone „abnagen".
Pikante Variante: Kürbisspalten vor dem Backen mit Olivenöl bestreichen und salzen.

BASTELN & FANTASIE
ALLERLEI AUS SCHALEN

Auch aus (Koch-)Abfällen lässt sich mit etwas Fantasie einiges zaubern!

Alter: ab 6 Jahren
Material: Kürbis- oder Zucchinischalenteile, Schneidbrett, Schere, Kinderschnitzmesser, Gummiband, Nadel

Im Handumdrehen verwandeln sich die Kinder mit ihren Masken aus Kürbisschalen in die komischsten Gestalten.
- Für den Mund längliche Schalenteile verwenden und daraus bissige, traurige, freche oder hämisch grinsende Münder ausschneiden.
- Für die Augen kann eine „Zorro"-Maske entstehen.
An den Masken seitlich kleine Löcher bohren, ein Gummiband durchfädeln und gegenseitig anpassen.

Auch Dekoratives kann gebastelt werden:
Auf der Innenseite länglich-ovaler Schalenteile mit einem Messer Blattadern einritzen – so entstehen schöne Zedernblätter.

Hinweis: Es gibt Kürbisse mit harten und weichen Schalen, je nachdem ob es sich um Sommer- (u. a. Zucchini), Herbst- oder Wintersorten handelt.
Weiche Schalen haben den Vorteil, dass sie sogar mit einer Schere bearbeitbar sind. Die Bastelwerke sind aber nur sehr begrenzt haltbar. Bereits am nächsten Tag ringeln sie sich zu bizarren Figuren zusammen!
Harte Schalenkunstwerke sind sehr lange haltbar, gutes Schneidwerkzeug und Vorsicht sind aber vonnöten.

„DU KÜRBIS!"

Schon Goethe schrieb in einem seiner Werke „Was glaubst du denn, dass du mich schimpfen kannst, ... du Kürbis!"
Das Wort Kürbis hat also auch eine nicht sehr ehrenhafte Bedeutung. In Österreich wird jemand mit beschränkter Auffassungsgabe ein „Plutzer" genannt. Das stammt wahrscheinlich davon, dass der Kürbis rasch wächst, sich praktisch aufbläht. Im englischen Sprachgebrauch werden Menschen, die etwas trottelig sind und/oder die besonders lieb gehabt werden als „pumpkin" bezeichnet – was auf Deutsch Kürbis heißt.

BASTELN
PUMPKINS

Kürbisse lieb und trottelig verwandeln macht Spaß!

Alter: ab 4 Jahren
Material: kleine runde Kürbisse, Plakafarben, Pinsel, Naturmaterialien (biegsame Äste, Moos, Samenkerne, Blätter, Strohblumen) Stoff-, Filz- oder Lederreste, Watte, Klebstoff

Die Kinder verwandeln den Kürbis in einen lieb-trotteligen Kürbiskopf. Sie malen ihm eine entsprechende Grimasse auf und basteln eine verrückte Frisur und Kopfbedeckung.
Die fertigen Pumpkins finden beim „Kürbisköpferaten" Verwendung.

Ballade vom Kürbis Kunibert

(Evamarie Taferner)

Mitten drin im großen Feld
liegt Kunibert, der Kürbisheld.
Noch träumt er, still und gottergeben,
erwartungsvoll vom neuen Leben.
Er fühlt sich prall und kugelrund,
bis in das Mark so kerngesund.
Kein Kürbis ist so dick und schwer,
so knallig gelb und groß wie er.
Drum ist ihm auch der goldne Mond,
der lächelnd nachts am Himmel thront,
ein lieber, freundlicher Bekannter.
Er fühlt sich als sein Anverwandter.
Auch Kuno will als gelber Ball
herunter schauen aus dem All.
Er sieht sich schon von oben blinkern,
auch hin und wieder fröhlich zwinkern
auf seine Freundin, die Klothilde.
Die lächelt über seine Träume milde.
Wie alle Frauen dieser Welt,
fühlt sie genau, was ihn hier hält.
Doch Kunibert weiß was er will,
beinah erreicht er auch sein Ziel.
Der Sommer geht, der Regen rinnt,
der Nebel wallt, der Herbst beginnt.
Der Tag wird kurz, die Nacht so lang.
So manchem Kürbis wird recht bang.

Klothilde ahnt das nahe Ende,
nur Kunibert sieht es als Wende.
Schon kommt der Bauer mit dem Wagen,
die Kürbisköpfe heim zu tragen.
Kuno, als Schönster auf dem Feld,
wird er ins Fenster gleich gestellt.
Man schneidet ihm, dem armen Tropf,
ein Mondgesicht in seinen Kopf.
Im Innern trägt er eine Kerze,
so leuchtet er, doch nur zum Scherze.
Voll Stolz steht Kunibert im Fenster
als zweiter Mond und schreckt Gespenster.
Klothilde hat ihn noch erblickt,
bevor man sie zu Brei zerdrückt.
Als dann der echte Mond erscheint,
sieht er den Kuno, wie er weint.

„Was hab ich nun, ich armer Held,
es ist Klothilde, die mir fehlt!
Wie schön war es im grünen Feld,
was soll ich noch auf dieser Welt?"

Und unsre Lehr aus der Geschicht?
Freu dich des Lebens,
träume nicht!

KÜRBISKERNE – AUF DER ÖLSPUR NACH DEM GRÜNEN GOLD

Bis vor ca. 50 Jahren hatten alle Kürbiskerne eine Schale. Erst eine besondere Züchtung aus der Zeit um 1950, der Steirische Ölkürbis, hat schalenlose Kerne. Geblieben ist statt der Schale ein Silberhäutchen, sodass die Kerne als Ganzes geknabbert werden können. Sie sind wohlschmeckend und gesund.

Außerdem sind diese Kürbiskerne sehr ölhaltig. In einem Liter Kürbiskernöl befinden sich die Kerne von etwa 35 Ölkürbissen bzw. 2,5 kg Kürbiskerne. Ölkürbisse sind sehr groß und gelb-grün gestreift. Erst wenn die Blätter und Ranken im September absterben, reifen im Kürbisinneren die Kerne. Mitte Oktober werden diese mit einer Maschine vollautomatisch geerntet. Das Fruchtfleisch verbleibt auf dem Feld und düngt den Boden. Es ist geschmacklich uninteressant und fasrig. Die geernteten Kerne werden in einer Waschanlage gewaschen und anschließend bei 50 °C getrocknet.

Zur Ölgewinnung werden die Kerne gemahlen, geknetet, geröstet und anschließend gepresst. Kürbiskernöl schmeckt angenehm nussig und hat eine dunkelgrüne Farbe.

KÜRBISKERNFISCHE RETTEN

Alter: ab 5 Jahren
Material: Kürbiskerne verschiedener Kürbissorten, wasserfeste Filzstifte, ein kleines Gefäß

Vorbereitung
Die Kerne zu Fischen verwandeln. Da sie bereits annähernd Fischform besitzen, genügen wenige Striche: Augen, Fischmaul, Flossen und eventuell Schuppen.

Spielverlauf
Die Fische sind an Land geschwemmt worden. Durch Schnippen sollen sie die Kinder möglichst schnell wieder in den Teich zurückbringen. Jedes Kind bekommt ca. 7 Fische (je nach Gruppengröße die Fischanzahl variieren). Startlinie aufzeichnen und Teich (= Gefäß) in wechselnder Entfernung zur Startlinie stellen. Jedes Kind versucht, möglichst schnell seine Fische durch Schnippen in den Teich zu bekommen.

Hinweis: Aus reifen Kürbissen können Kinder selber Samen gewinnen. Samen gut abspülen, trocknen und anschließend kühl und luftig aufbewahren. Jede Kürbissorte hat andersartige Samen. Die Kerne vom Schwanenhalskürbis haben mit dem Wal erstaunliche Ähnlichkeit.

KÜRBISFISCHE

KNABBERKERNBAR

Kürbiskerne in verschiedenen Geschmacksrichtungen sind ein Genuss!

Zutaten: grüne schalenlose Kürbiskerne, Kernöl, Salz, verschiedene Gewürze: Paprikapulver, geriebener Parmesan, Zimtzucker, Vanillezucker, Schokostreusel

Kürbiskerne auf ein mit Backpapier ausgelegtes Backblech legen, salzen, mit etwas Kernöl beträufeln und bei 200 °C ca. 20 Min. backen. Mehrmals das Backblech schütteln.
Wenn die Kerne goldbraun sind, herausnehmen und in Paprikapulver, Parmesan o. Ä. wälzen. Damit das Gewürz haften bleibt, dürfen die Kürbiskerne noch nicht ausgekühlt sein.

KÜRBISKERNKARAMELLEN

Kürbiskerne wie unter einer braunen Lackschicht – wunderschön!

Zutaten: grüne (schalenlose) Kürbiskerne und in gleicher Menge Kristallzucker

Zucker in einer Pfanne schmelzen und leicht braun werden lassen.
Vom Herd nehmen und die Kürbiskerne untermengen.
Die nun sehr zähe Masse auf ein Backpapier schütten und nach dem Abkühlen in Stücke brechen oder schneiden.

KÜRBISKERNAUFSTRICH

Kinderleicht und schön grün!

Zutaten: 4 EL geriebene Kürbiskerne, 4 EL Kernöl, 1 Päckchen Topfen, 1 EL Sauerrahm, Salz

Topfen, Rahm, Öl und Gewürze vermischen. Zum Schluss die geriebenen Kürbiskerne dazurühren. Schmeckt am besten auf Schwarzbrot!

KERNÖLZAUBEREI

Manchmal ist das einfachste Mittel das Beste!

Alter: ab 5 Jahren
Material: 2 weiße Stoffreste, Kernöl

Die Kinder bringen jeweils ein paar Tropfen Kernöl auf die weißen Tücher auf. Ein Tuch hängen sie in die Sonne, das andere waschen sie.

Was passiert?
- Im gewaschenen Tuch bleibt ein hässlicher graubrauner Fleck.
- Die Sonne bringt den Fleck binnen weniger Stunden gänzlich zum Verschwinden.
Eine einfache Zauberei!

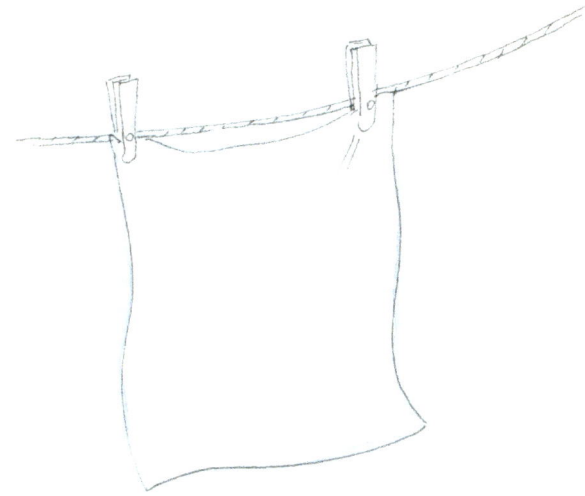

KERNÖLMARMORIEREN

In Kürbissuppen bildet Kernöl durch leichtes Verrühren wunderschöne grün-goldene Marmorierungen. Auf Papierbögen können sie als besonderes Geschenkpapier Verwendung finden.

Alter: ab 6 Jahren
Material: große flache Wasserschale (Backblech), kleine Schale (zum Mischen), Kernöl, Plakafarben, Pinsel, Wasser, Papier (am besten größere Bögen), Zeitungspapier, Holzbrett

In der kleinen Schale Plakafarbe und Öl mit dem Pinsel vermischen (50:50). Es reichen dafür geringe Mengen.
Die große Schale mit Wasser füllen und mit dem Pinsel etwas Öl-Farben-Mischung vorsichtig darin verteilen.
Den Bogen Papier langsam an der Wasseroberfläche gleitend durch die Schale ziehen. Je länger das Papier auf der Wasseroberfläche liegt, desto dunkler fällt das Marmormuster aus.
Den Bogen auf Zeitungspapier legen und vor dem völligen Trocknen mit einem Holzbrett beschweren, damit er nicht wellig wird.
Durch die Verwendung verschiedener Farben fällt die Marmorierung immer wieder anders aus. Die Kinder können auch 2 Farbengemische gleichzeitig aufbringen.

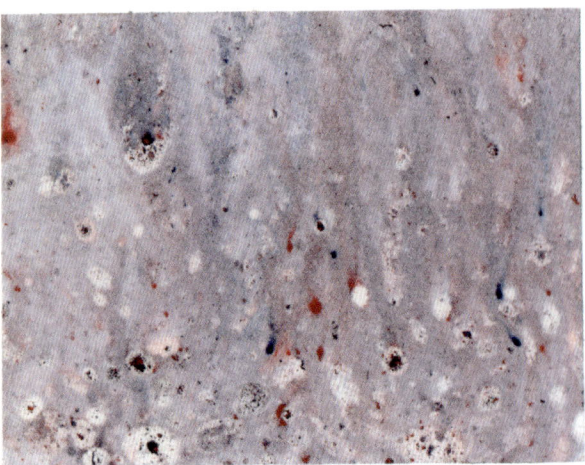

GRÜNER ÖLKUCHEN

Das ist ein KKKK: KinderleichterKürbisKernöl-Kuchen!

Zutaten: 5 Eier, 250 g Zucker, 200 g Mehl, $^1/_2$ P. Backpulver, 50 g gehackte Kürbiskerne, $^1/_8$ l Kernöl, $^1/_8$ l Wasser

Eier und Zucker schaumig schlagen.
Mehl, Backpulver, Kernöl und Wasser nach und nach dazugeben. Nun entsteht eine grüne Teigmasse.
In eine befettete Form geben, mit gehackten Kürbiskernen bestreuen und im vorgeheizten Backofen bei 180 °C ca. 1 Stunde backen.
Zusammen mit Schlagobers und Zimtzucker-Knabberkürbiskernen (S. 89) servieren.

KERNÖLBALLONS

Kleine grüne Unterwasserballons!

Alter: ab 4 Jahren
Material: Kernöl, Glas, Wasser, Salzmühle

Ein Glas mit Wasser füllen und etwas Öl dazugießen. Das Öl bildet über dem Wasser eine Schicht, weil es leichter als Wasser ist.
Die Kinder streuen mit der Salzmühle grobe Kristalle in das Glas.

Was passiert?
- Die absinkenden Salzkörnchen (die schwerer als Wasser sind) nehmen Öltröpfchen mit und tauchen mit ihnen ab.
- Mehr oder weniger bald – nämlich dann, wenn sich das Salz im Wasser aufgelöst hat – steigen die Öltröpfchen wieder auf.

Ein immer wieder erneutes Salzstreuen bewirkt, dass die Öltröpfchen wie kleine grüne Ballons auf- und abschweben!

TIPPS UND TRICKS FÜR DEN EIGENEN GARTEN

Kinder können Kürbisse aus Samen ziehen oder noch einfacher gleich als Setzling in der Gärtnerei kaufen. Mit ein paar Tricks gelingt der Kürbisanbau ganz leicht:

- Kürbisse gedeihen am besten auf dem Komposthaufen. Sie brauchen anfangs viel Wasser und später viel Nährstoffe (die sie aus dem Komposthaufen nehmen) sowie viel Platz zum Wachsen. Bei optimalen Bedingungen wächst die Kürbispflanze pro Tag bis 14 cm in die Länge.
- Manche Kürbissorten wachsen auch gut in Töpfen, natürlich nicht so ertragreich wie in Freilandkultur. Dabei handelt es sich um die Squash-Kürbisse, speziell die Sorte „Petty Pan" bzw. „Peter Pan". Sowohl Blüten als auch Früchte schmecken vorzüglich.
- Kürbisse sind sehr wärmebedürftig. Wenn die Temperatur länger unter 10° C fällt, erfriert er. Kürbisse daher erst nach den „Eismännern" ansetzen.
- Eine alte Indianerweisheit besagt, dass Mais, Feuerbohne und Kürbis sich gegenseitig stark machen, wenn sie zusammen gesetzt wachsen: der Mais dient als Kletterstange, die Feuerbohne nährt und lockert den Boden mit ihren Wurzeln und der Kürbis spendet mit seinen Blättern Schatten, sodass der Boden immer feucht bleibt. Die Indianer vergleichen die drei Gemüsesorten mit sich liebenden Schwestern.
- Kürbisse erst spät im Herbst ernten, vor dem ersten Frost, wenn die Blätter schon welk sind.
- Viele Kürbissorten sind bis in den Frühling hinein lagerfähig. Winterkürbisse besitzen eine harte Schale, Sommerkürbisse hingegen eine dünne Schale und weiche Kerne, die beide gegessen werden können (dazu gehören Zucchini und Spaghettikürbis). Zierkürbisse sind nur schön, schmecken aber nicht gut. Sie enthalten einen unangenehmen Bitterstoff.

GÄRTNEREI & BASTELN
KÜRBISRITZEN

Persönliche Kürbisbotschaften!

Alter: ab 6 Jahren
Material: Kürbispflanzen, Ritzmesser

Ritzen die Kinder Kürbisse im Frühsommer während ihres Wachstums ein, entstehen daraus Verwachsungen, die den eingeritzten Namen oder eine eingeritzte Botschaft deutlich lesbar machen.

Das sollte dabei beachtet werden:
Am besten eignen sich Kürbisse mit glatter Oberfläche.

Der Kürbis muss an der lebenden Pflanze hängen und seine Schale soll noch weich sein.

- Sind die Früchte noch zu jung, werden sie leicht verletzt und verfaulen.
- Sind sie bereits zu stark ausgereift, werden nur oberflächliche Kratzer erzeugt und die Schrift „geht nicht auf".

Nach ca. 2 Wochen ist der Schriftzug vernarbt und bereits gut lesbar. Der Kürbis darf wie gewohnt (an der Pflanze!) weiter ausreifen.

MAIS
RIESEN-GRAS AUF STELZEN

Maispflanzen gehören zu den Gräsern, nur dass sie ziemlich groß geratene Gräser, eigentlich Riesen-Grashalme, sind.

Mais ist nicht nur Schweinefutter. Sowohl die Maispflanzen, die Kolben, als auch die Körner regen zu verschiedensten Kinderspielereien an und das noch dazu fast umsonst.

Außerdem gibt es noch den Zuckermais, von dem manche Kinder nicht genug bekommen können: Wer schon einmal selbst an einem solchen Kolben genagt hat, kann das verstehen!

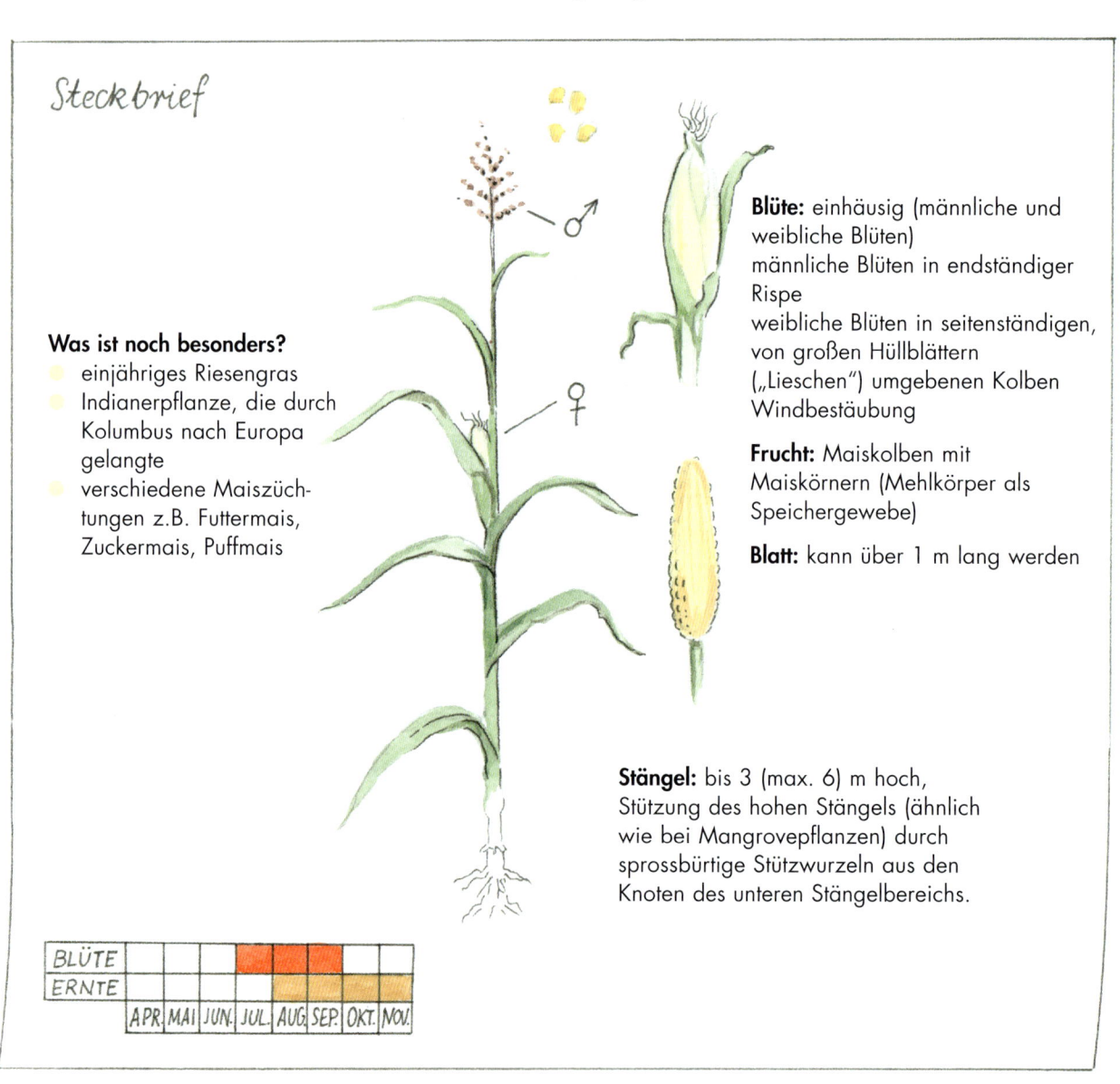

Steckbrief

Was ist noch besonders?
- einjähriges Riesengras
- Indianerpflanze, die durch Kolumbus nach Europa gelangte
- verschiedene Maiszüchtungen z.B. Futtermais, Zuckermais, Puffmais

♂

♀

Blüte: einhäusig (männliche und weibliche Blüten)
männliche Blüten in endständiger Rispe
weibliche Blüten in seitenständigen, von großen Hüllblättern („Lieschen") umgebenen Kolben
Windbestäubung

Frucht: Maiskolben mit Maiskörnern (Mehlkörper als Speichergewebe)

Blatt: kann über 1 m lang werden

Stängel: bis 3 (max. 6) m hoch, Stützung des hohen Stängels (ähnlich wie bei Mangrovepflanzen) durch sprossbürtige Stützwurzeln aus den Knoten des unteren Stängelbereichs.

	APR.	MAI	JUN.	JUL.	AUG.	SEP.	OKT.	NOV.
BLÜTE				■	■			
ERNTE					■	■	■	

DAS RIESENGRAS

Eine Maispflanze wird ca. 3 m hoch. Da stellt sich schon die Frage, wie so ein langer und vergleichsweise dünner Stängel aus der Erde wachsen kann, ohne bei einem stärkeren Windstoß umzufallen.

Der Grund liegt einerseits im Stängelinneren, wo dichtes Mark der Festigkeit dient. Andererseits steht die Maispflanze auf Stelzwurzeln, die wie Spinnen aussehen und den Stängel fest in alle Richtungen im Boden verankern. Eine ausgewachsene Maispflanze kann nicht einmal ein Erwachsener ausreißen.

Es ist natürlich leicht möglich, sich in so einem Riesenrasen, wie ein Maisfeld auch noch bezeichnet werden könnte, zu verirren. Zumindest gibt es genug absichtlich angesetzte Mais-Labyrinthe, die zum Verirren geschaffen sind.

BASTELN & SPIEL

MAISMIKADO

Ein Riesenspielzeug aus dem Riesengras!

Alter: ab 4 Jahren
Material: Maisstängel, 3 dicke wasserfeste Stifte oder Plakafarben (blau, gelb, rot)

Die Kinder befreien die Maisstängel von den Blättern und die Spielleitung schneidet sie in 40–50 cm lange Stücke. Da Maisstängel nach oben zu immer dünner werden, entstehen daraus automatisch Stäbe unterschiedlicher Dicke. Je dünner der Stängel, desto leichter ist er abzuheben. Er ist daher beim Spiel weniger wert.

Die Kinder teilen die Stängel entsprechend ihrer Dicke in 3 Gruppen und bemalen sie mit unterschiedlichen Farbstreifen:

- Die dünne Stängelgruppe bekommt 2 blaue Streifen und zählt 2 Punkte,
- die mitteldicke Stängelgruppe 3 gelbe Streifen und zählt 3 Punkte
- die dicksten Stängel erhalten 6 rote Streifen mit 6 zählenden Punkten.

Hinweis: Ein klassisches Mikado umfasst 41 Stäbe, jedoch können die Kinder auch mit weniger spielen. Gerade für kleinere Kinder ist das Maismikado viel besser als das Original „fassbar".

So geht's:
Ein Kind fasst die fertig bemalten Stängel zu einem Bündel, stellt sie auf und streut sie „mikadogemäß" aus.

Nun geht es der Reihe nach: Jedes Kind nimmt vorsichtig Stängel für Stängel weg, ohne dass ein anderer Stängel sich dabei bewegt. Passiert es trotzdem, muss das Kind denjenigen Stängel wieder auf dieselbe Stelle zurücklegen und das nächste Kind ist an der Reihe.

MikadomeisterIn wird, wer am Ende mit seinen Stängeln die höchste Punkteanzahl erreicht hat.

PERSÖNLICHER MAISSCHREIBER

Alter: ab 4 Jahren
Material: frische dicke Maisstängelstücke (ca. 20 cm lang), wasserfester Filzstift, Buntstift oder Bleistift

Die Kinder bohren in das Mark des Stängels so tief einen Stift, bis nur noch die Schreibspitze heraus sieht. Das geht nur solange der Stängel halbwegs frisch ist, denn später trocknet das Mark im Stängelinneren und wird hart.
Den Stängel mit dem eigenen Namen beschriften und verzieren, damit daraus ein persönlicher Maisschreiber entsteht.

MINI- MAISLABYRINTH

Ein Labyrinth für Zwerge!

Alter: ab 5 Jahren
Material: Maiskörner, selbst härtender Ton (oder Gips), evtl. Karottenmäuschen (S. 58)

Die Kinder entwerfen zunächst auf Papier ein Labyrinth – nach einer Vorlage oder nach eigenem Muster.
Aus dem Ton formen sie eine Platte (bzw. rühren Gips an und gießen ihn auf eine Platte) und stecken die Maiskörner in dem gewünschten Labyrinthmuster.
Findet das winzige Karottenmäuschen den Ausgang?

MINI-STELZWURZELN

Bei dieser Aktion wird die Standhaftigkeit einer Maispflanze in Miniaturausgabe sichtbar.

Alter: ab 6 Jahren
Material: reife Maiskörner, Schale mit Kieselsteinen, Wasser

Die Kinder füllen die Schale mit Kieselsteinen, legen darauf ein paar Maiskörner und geben so viel Wasser zu, dass die Maiskörner von unten benetzt werden, aber nicht im Wasser schwimmen. In den nächsten Tagen immer wieder nachgießen.

Was passiert?
- Innerhalb weniger Tage keimen die Körner und treiben in alle Richtungen Wurzeln.
- Nach einer Woche sind diese Stelzwurzeln, die oft in 2 Reihen übereinander erscheinen, schon sehr deutlich sichtbar. Außerdem haben die Maispflanzen die Steine mit einem Wurzelgeflecht durchzogen.

Die Kinder beobachten, wie die Maispflanze selbst auf einem so „wackeligen" Untergrund gute Standfestigkeit bewahrt.

DER TOLLE KOLBEN

Wie jedes Gras besitzt auch der Mais Blüten, die bei den Gräsern Ähren genannt werden. Beim Mais sind die männlichen und weiblichen Ähren getrennt. Die Männlichen sitzen an der Spitze der Pflanze und sehen fast wie Getreide aus. Die Weiblichen sind die Maiskolben, die sich darunter ausbilden.

Jeder Maiskolben ist von Hüllblättern umgeben, dem so genannten „Lieschen", mit dem ganz toll gebastelt werden kann. In früheren Zeiten und in manchen Gegenden auch heute noch werden Zigarren mit Maisblättern umwickelt.

Maiskolben dienen neben Schweinefutter auch als Stärkelieferant – und sind als fantasievolles Bastel- und Spielmaterial vor allem bei Kindern äußerst beliebt.

Es gibt aber auch eine spezielle Maissorte, den Zuckermais, bei dem der Zucker nicht in Stärke umgewandelt wird, sondern sich ansammelt. Zuckermaiskolben werden eigentlich im unreifen Zustand geerntet und von Menschen gegessen. Sie schmecken besonders süß.

BASTELN & FANTASIE
LIESCHEN UND IHRE FREUNDE

Aus den Lieschen, den Hüllblättern der Maiskolben, entstehen mit etwas Fantasie tolle Kunstwerke.

Alter: ab 6 Jahren
Material: Hüllblätter des Maiskolbens, Maisbart, Maiskörner, Schaschlikstäbchen, Bast, Watte, Schere, Klebstoff
Hinweis: Sind die Hüllblätter zur Bearbeitung bereits zu trocken, werden sie durch Einschlagen in feuchte Tücher wieder elastisch.

Aus übereinander gefalteten Hüllblättern formen die Kinder Köpfe, füllen sie mit Watte, umhüllen sie wieder mit Hüllblättern und binden Teile davon zu Armen oder Füßen zusammen.

Durch Stopfen, Binden, Stecken oder Kleben und mittels einiger Zusätze (Maisbarthaare, Hexenbesen, Flügel, Flossen, Kapuzen...) entstehen Maispuppen „Lieschen", Schmetterlinge, Engel, Hexen, Vogelscheuchen, Fische und vieles mehr.

MAISKOLBENWEITWERFEN

Die gute Flugtauglichkeit von Maiskolben wird in dieser Aktion spielerisch erprobt.

Alter: ab 6 Jahren
Material: Maiskolben mit Hüllblättern

Jedes Kind nimmt sich einen Maiskolben und schlägt dessen Hüllblätter nach hinten. – Fertig ist das Fluggerät!
Die Kolben fliegen ähnlich wie Pfeile mit der spitzen Seite nach vorne gerichtet.
Tipp: Damit die Kinder ihre Maiskolben bei einem Weitflugwettbewerb untereinander nicht verwechseln, „verewigen" sie sich mit ihrem Namen/einem Muster im Kolben, indem sie einzelne Körner (in Form der Buchstaben ihres Namens) aus dem Kolben herausnehmen – eine Art Löcher-Mosaik!

Die Kinder stellen sich nebeneinander mit etwas Abstand in eine Reihe. Auf ein Zeichen lassen alle ihre Maispfeile fliegen. Welcher Flieger kommt am weitesten?

Variante

Start und Ziellinie festlegen. Die Kinder starten gleichzeitig. Sie werfen den Maiskolben, gehen zum Zwischenlandeplatz, starten erneut ... Wer bringt seinen Flieger zuerst ans Ziel?

KOLBENKUNST

Aus Futtermaiskolben entstehen mehr oder weniger schnell Figuren, Tiere und Fahrzeuge, die sehr gut haltbar sind.

Alter: ab 3 Jahren
Material: frisch geerntete, reife Futtermaiskolben, Zahnstocher, wasserfeste Stifte oder Plakafarben, Klebstoff, Schaschlikstäbe
Hinweis: Die Maiskolben sollten frisch vom Feld kommen, eine Woche später sind die Kolben samt den Körnern schon sehr trocken und schwer zu bearbeiten.

KOLBENFAHRZEUGE

Rennautos, Propellerflugzeuge, Raketen und Schiffe haben eine kolbenartige Grundform.
Es fehlen oft nur ein paar Kleinigkeiten, um z.B. eine echt aussehende Rakete entstehen zu lassen: Maiskolben mit dem stumpfen Ende auf 4 Schaschlikstäben aufspießen und ebenfalls an diesem Ende den Maisbart (als Raketenrauch) aufkleben – das können auch schon 3-Jährige!
Ähnlich einfach ist der Bau eines Maissegelschiffes mit Segeln aus Hüllblättern.
Beim Propellerflugzeug und beim Rennauto verwenden die Kinder noch zusätzlich Maiskörner und Zahnstocher, die sie zu Fahrgästen und Rädern zusammenstecken.

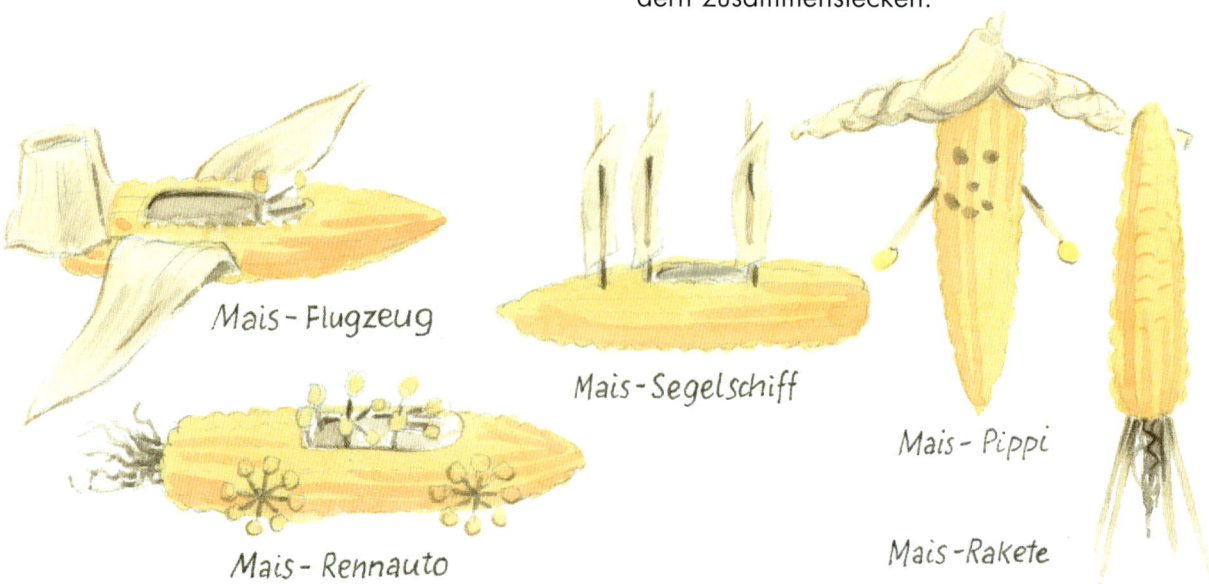

Mais-Flugzeug

Mais-Rennauto

Mais-Segelschiff

Mais-Pippi

Mais-Rakete

KOLBENTIERE

Ein **Tintenfisch** ist kinderleicht, vorausgesetzt jemand schneidet den Maiskolben vorher quer in 2 Teile!
Die Maiskolbenhälfte mit dem stumpfen Ende dient als Tintenfischkörper. Die daran hängenden Hüllblätter als Fangarme auseinander breiten und dem Tintenfisch ein Gesicht aufmalen.
Die Kolbenhälfte mit dem spitzen Ende kann den Körper eines Zwerges bilden (s. u. „Kolbenfiguren").
Auch ein **Hase** ist schnell gemacht: Hüllblätter zweiteilen und zu Ohren zusammenbinden, Hasengesicht aufmalen, lose Hüllblätter grün bemalen, als Wiesenstück zuschneiden und am unteren Ende (das etwas gekürzt wurde, damit der Hase stehen kann) aufkleben.

KOLBENFIGUREN

König, Königin, Hexe, Pippi, Indianer, Gretel, Zwerg, Kasperl ... fast ein ganzes Kasperltheater lässt sich mit ganz einfachen Mitteln aus den Kolben basteln.
Durch unterschiedliche Bearbeitung
- der Hüllblätter (flechten, zweiteilen, aufstellen, zuschneiden...)
- und des Maisbartes (an anderer Stelle aufkleben, flechten, abnehmen...)
- sowie durch verschiedene Gesichtsbemalungen und Zusätze (Kette, Knöpfe, Kopftuch, Mantel, Pfeife ...)
entstehen die lustigsten Figuren.

Hände und Füße stecken die Kinder mittels Zahnstochern und Maiskörnern auf.
Auch **Doppelfiguren** sind lustig: am spitzen Ende eine andere Figur als am stumpfen Ende!

VERRÜCKTER MAISKOLBEN

In El Salvador gibt es diese „verrückten Kolben" bei jedem Fest, sogar sonntags vor der Kirche. „Verrückt" heißen sie dort wahrscheinlich, weil sie verrückt gut schmecken und die Leute ganz verrückt nach weiteren Kolben verlangen!

Zutaten: Zuckermaiskolben (pro Person mindestens einen), zugespitzte Haselnuss- oder Weidenstäbe, Butter, Knoblauch, Salz, geriebener Hartkäse

Maiskolben in gesalzenem Wasser kochen, bis sie weich sind (mit der Gabel einstechen).
Herausnehmen, auf einer Seite oder auf beiden (da kann er am gemütlichsten gedreht und gegessen werden) auf einen vorbereiteten Holzstab spießen und je nach Geschmack verfeinern: mit Butter einbalsamieren, salzen, mit zerdrücktem Knoblauch einreiben, mit geriebenem Hartkäse bestreuen ... – und reinbeißen!

Mais-Tintenfisch

Mais-Hase   Mais-Zwerge   Mais-könig u.-Königin   Doppelfigur

Warum sich der Mais einen Bart geholt hat

(Evamarie Taferner)

Vor langer, langer Zeit verirrte sich ein junger Ziegenbock in einem riesigen Maisfeld. Vor lauter Neugierde und Naschhaftigkeit drang er vom Rand des Feldes immer weiter und weiter vor. Wieder und wieder erschien ihm ein Blättchen noch leckerer, ein Unkraut noch schmackhafter, ein Kolben noch zarter. Beim Knabbern, Zupfen und Kauen achtete er nicht darauf, wie er wieder zurückfinden könnte.

Solange er hungrig war, machte ihm das nichts aus. Aber nun war er satt und durstig.

Die Maispflanzen, die ihn dicht umstanden, überragten ihn bei weitem. So sehr er auch hüpfte und sprang, er konnte nicht über sie hinweg sehen. Er lief seiner Spur nach, aber er hatte sie so oft gewechselt, dass er nicht mehr die richtige fand.

Bis jetzt hatte es ihm noch Spaß gemacht. Aber langsam ging die Sonne unter und vor der Dunkelheit wurde ihm bang.

Noch dazu, da ihm die Maispflanzen von Anfang an mit Gehässigkeit entgegengekommen waren. Natürlich verstand er, dass sie nicht von oben bis unten abgefressen werden wollten. Aber der kleine Bock war doch viel zu jung, um wirklichen Schaden anrichten zu können.

„Warum gehst du in fremde Felder um sie abzufressen, das steht dir nicht zu, schau, dass du weiter kommst, du unverschämter Ziegenbock", schimpften sie von Anfang an.

Was hatte er nur angestellt! Betrübt und verlassen stand er inmitten des Feldes und sehnte sich nach seiner Mutter.

„Das geschieht dir recht, dass du jetzt Angst hast und den Weg nicht heim findest, du stinkender Ziegenbock mit deinem grässlichen Bart. Du brauchst nicht glauben, dass wir dir helfen werden!" So riefen die Maispflanzen und schlugen mit ihren Kolben nach ihm.

Da fing der kleine Bock an, laut nach seiner Mutter zu blöken und blökte in seiner Verzweiflung immer lauter und lauter: „Mutter, ich habe mich verlaufen, ich stecke im Maisfeld und finde nicht mehr heraus!"

Und da erklang von ganz weit her, als ob es nur das Echo seines Rufens wäre, das Blöken einer älteren Ziege.

Noch immer höhnten die Maispflanzen und meinten boshaft, dass ihn die Mutter trotzdem nie finden würde. Da hatten sie sich aber getäuscht! Ihr Blöken kam näher und näher und da sprang sie auch schon daher.

Die Maispflanzen betrachteten beide mit Feindseligkeit, statt sich mit ihnen zu freuen. Gift und Galle lagen in ihren Kolben und zur Strafe wegen ihrer Bosheit wuchs ihnen ein Bart. Wenn ihr es nicht glaubt, so holt euch einen Maiskolben und seht selbst nach.

EIN BESONDERER BART

Auf jedem Maiskolben wachsen durch die leicht geöffnete Spitze seiner Hülle viele Fäden, die wie ein Bart aussehen. Mit zunehmendem Reifegrad wird dieser Maisbart immer länger und wechselt seine Farbe: von anfangs weiß-grün, rötlich färbend, rotbraun bis fast schwarz, wenn der Maiskolben trocken ist.
Frische Maisbärte haben noch den typischen Maiskölbchen-Geruch, der mit zunehmender Reife immer mehr verschwindet.
Tee aus Maisbärten soll gegen Nieren- und Blasenschmerzen helfen.

FANTASIE & SPIEL

MAISFRISEUR

Die alten Indianer hielten den Maisbart für einen Haarschopf ihrer heiligen Maismutter. Originelle Haar-Kreationen lassen sich ja wirklich damit machen.

Alter: ab 4 Jahren
Material: Maisbärte in möglichst verschiedenen Farben, Scheren, Bänder, Haarclips, Fotokamera

Die Kinder teilen sich in Friseure und Kunden auf. Nach einer gewissen Zeit tauschen sie die Rollen.
Die Friseure bieten ihren Kunden eine Fülle von neuartigen Frisuren mittels falscher Haare in verschiedensten Farben (den Maisbärten) an:
- falsche Haare zu Zöpfen geflochten, gedreht oder geknotet;
- Bärte, bis zu den Ohren geschlungen;
- falsche Stirnfransen
- bunte Strähnchen …

Die Kinder befestigen die falschen Haare mit Bändern oder mittels Haarclips und servieren Maisbarttee dazu. Zum Schluss gibt es noch ein paar Fotos!

Variante
MAISPFLANZENFRISEUR

Auch Maispflanzen selbst können als Kunden dienen. Es muss dafür nur ein kleines Stück Maisfeld „zur freien Verfügung" stehen.

Alter: ab 5 Jahren
Ort: Maisfeld

Die Kinder gehen als Friseure zu einem Maisfeld und machen „Hausbesuch" bei ihren KundInnen, den Maispflanzen.
Die Maisbärte, die aus den Kolben herausschauen, dienen als Objekt. Die Kinder drehen, schneiden, knoten oder binden damit Frisuren und flechten sie zu einem oder mehreren Zöpfen. Dabei entstehen ganz neuartige Maispflanzensorten, z.B. die so genannte „Maiszopfpflanze"…
Die Kinder dürfen diesen Maispflanzen auch Sortenfantasienamen geben und ein Schild umhängen.
Der Bauer wird sich wundern!

MAISKORN IST NICHT GLEICH MAISKORN

Jeder Maiskolben besitzt unzählige Maiskörner, die die größten Körner unter den Getreidesamen sind.

Maiskörner sind erst wirklich reif, wenn die Hüllblätter gelb werden und aufspringen. Die Kolben neigen sich dann an der Pflanze nach unten und die Körner werden hart und glasig. Dieses Stadium wird „Totreife" genannt und solche Körner lassen sich toll zum Basteln verwenden. Besondere Ziermaissorten wie Indianermais oder Erdbeermais bilden Maiskörner in den verschiedensten Farben aus (braunrot, rot, schwarz, blau, violett, gesprenkelt...).

Solange die Körner noch hellgelb sind und etwas Flüssigkeit enthalten („Milchreife"), sind sie zum Genuss am besten geeignet, aber nur bei Zuckermais und nicht beim Futtermais! Ein noch früheres Stadium wird als „Teigreife" bezeichnet. Da sind die Kolben noch Kölbchen und selbst die rohen Futtermaiskölbchen für den Menschen sehr lecker!

Eigentlich produziert eine Maispflanze zu viele Samen. Wird das Maisfeld sich selbst überlassen, fallen die überreifen Körner so zahlreich und dicht zur Erde, dass sich die Neupflanzen gegenseitig ersticken. Maiskörner können nämlich sofort und innerhalb von wenigen Tagen keimen. Mais muss also von Menschenhand immer neu ausgesät werden. Er kann sich nicht selbst verbreiten.

MAISMOSAIK

Maiskörner haben eine ideale Mosaiksteinchenform.

Alter: ab 3 Jahren
Material: bunte Maiskörner (am besten verschiedenfarbige Sorten wie Indianermais, Erdbeermais oder mit Plakafarben unterschiedlich bemalt), Gips, kleine Kartonschachtel (Deckel einer Schuhschachtel o. Ä.), evtl. Klarlack

Die Kinder überlegen sich auf einem Blatt Papier ein fantasievolles Mosaikmuster durch Auflegen der Maiskörner.

Ist der Entwurf fertig, etwas Gips anrühren und in der Kartonschachtel eine Platte gießen.

Die Kinder drücken die Maiskörner entsprechend ihrer Vorlage mit ein paar Millimeter Abstand fest in die Gipsmasse. Sie lassen das Mosaik über Nacht trocknen und lösen es dann aus dem Karton. Gipsspuren wischen sie mit einem feuchten Tuch von den Körnern.

Hinweis: Mit Klarlack überzogen ist das Mosaik besonders haltbar.

Variante „Maisgebiss" aus Ton:
Kiefer aus selbst härtendem Ton formen, Goldzähne fest einsetzen und trocknen lassen. Ein schönes Ersatzgebiss zum vor den Mund halten!

MAISMUSIK

In Mais ist Rhythmus und Musik!

Alter: ab 3 Jahren

ENTENTANZFÜßCHEN

Material: Zahnstocher, frische Maiskörner

Zahnstocher senkrecht in ein liegendes Maiskorn stecken, sodass ein „Entenfuß" entsteht. Mit zwei dieser Mini-Entenfüße lassen sich prima Tanzschritte vorführen!

MAISTROMMEL

Material: Luftballon, trockene Maiskörner

Den Luftballon prall mit Maiskörnern füllen. Anschließend den Ballon nicht zu prall aufblasen (damit er nicht platzt!) und den Luftballonhals verknoten.
So geht's:
Die Kinder halten den Ballon am Knoten fest zwischen Daumen und Zeigefinger und lassen ihn auf- und abschnellen – dabei entsteht ein trommelähnlicher Klang.
Tipp: Wird die Maistrommel lange aufbewahrt, tritt im Laufe der Zeit die Luft aus dem Ballon. Es entsteht ein so genannter Knetmais: Der Luftballon schmiegt sich eng an die Maiskörner an und das ganze lässt sich zu lustigen Formen kneten.

REGENMACHER

Material: trockene Maiskörner, harte lange Pappröhre, Hammer, dünne Nägel (Länge soll der Dicke der Papprolle entsprechen), Lederreste

Die Nägel im Abstand von 2–3 cm rundherum spiralförmig in die Pappröhre einschlagen.
Das eine Ende der Röhre mit einem festen Lederfleck durch Annageln verschließen und die Maiskörner einfüllen.
Das andere Ende der Rolle ebenfalls verschließen.
So geht's:
Die Röhre langsam auf- und abschwenken. Dabei entsteht ein Geräusch ähnlich wie bei leichtem Regen.
Je mehr Nägel und je mehr Maiskörner, desto länger dauert der Regen!

GUIRO

Material: geschälter Maiskolben, fester Stab

Aus dem Kolben für eine Griffmulde ein paar Körner herausnehmen.
Mit einem festen Stab am Kolben hin und her reiben. Es entsteht ein „rippelndes" Geräusch.

DER „MAYZ"

Der Urmais, von den alten Inkavölkern „mayz" genannt, stammt aus Mittelamerika und wurde besonders in Mexiko hoch geschätzt, weil er das wichtigste Nahrungsmittel war.

Dort gab es eine Maisgöttin, zu deren Ehren Maisfeste gefeiert wurden. Dazu wurde der Mais im Tempel geweiht und Maiskuchen oder Maisfladen unter dem Volk verteilt. Eine Matte vor dem Tempel wurde mit Maismehl bestreut, um die Fußstapfen des gekommenen Gottes zu finden. Mit Maisblättern bekränzte Mädchen führten Tänze auf und geformte Götterbilder aus Maismehl vermischt mit Menschblut wurden in einer Prozession herumgetragen.

Erst Kolumbus brachte einige der goldenen Kolben in sein Heimatland Spanien, von wo der Mais sich nach und nach als Polenta (Norditalien), Mamaliga (Rumänien) und Kukuruz (Balkan) nach Mitteleuropa ausbreitete.

SCHMECKEN

MAISFESTGERICHTE

GEBACKENE MAISPUPPEN

Ein Rezept ohne Menschenblut!

Zutaten: 200 g Maisgrieß, 1 EL Öl, 2 Eier, Mehl nach Bedarf, Salz, Maiskörner, Parmesan, Butter

- Maisgrieß in einem Kochtopf in wenig Öl anrösten, bis er zu duften beginnt (er darf aber nicht braun werden!) und 400 ml Wasser zugeben. Kurz fest umrühren.
- Die Herdplatte abschalten, den Kochtopf mit einem Deckel verschließen und auf der Platte ca. 30 Min. stehen lassen. In dieser halben Stunde quillt der Maisgrieß aus.

- Die Maisgrießmasse in eine Teigschüssel geben und mit 1 Ei, 1 EL Salz und etwas Mehl (je nach Eiergröße mehr oder weniger) zu einem formbaren Maisteig vermengen.

Den Teig zu Maispuppen formen, Maiskörner für Augen und Mund hineindrücken und mit zergabeltem Ei bepinseln. Zuletzt bekommt der Maispuppenkopf noch ein Parmesanhäubchen.

Im Ofen bei 200 °C 30 Min. backen.

MAISKUCHEN

Kinderleicht und schmeckt auch allen Kindern!

Zutaten: 1 Ei, 250 ml Milch,
50 g geschmolzene Butter, $\frac{1}{2}$ TL Salz,
2 EL Zucker, 2 TL Backpulver,
100 g feines, gelbes Maismehl,
150 g Weizenmehl; Butter, Honig

Das Ei in einer Schüssel verschlagen, Milch und Butter dazugeben und alles gut verrühren.

In einer anderen Schüssel die trockenen Zutaten vermischen, die Flüssigkeitsmischung dazugeben und nur kurz verrühren.

Den Teig auf ein gefettetes Backblech geben und ca. 25 Min. bei 200 °C backen.

Etwas abkühlen lassen und in Quadrate schneiden. Dazu schmeckt Honigbutter (zerlassene Butter und Honig zu gleichen Teilen verrühren).

MAISFLADEN (TORTILLAS)

Zutaten: 200 g Maismehl, 250 ml Milch,
2 Eier, Öl zum Ausbacken

Alle Zutaten vermischen, bis eine dickbreiige Masse entsteht, und etwas quellen lassen.

In eine Pfanne 1 EL Öl geben und Fladen backen (ähnlich wie Pfannkuchen).

Die Menge reicht für 4 große Fladen.

Die Fladen schmecken mit gegrilltem Fleisch und Gemüsestückchen oder einfach nur „solo" wunderbar.

MAISFLECHTTEPPICH

In dieser Aktion arbeiten die Kinder in gleicher Weise wie einst die Inkavölker.

Alter: ab 7 Jahren
Material: Hüllblätter von Maiskolben, Tuch, Wasser, zum Färben Rotkraut-, Zwiebel- und/oder Spinatsud, Schere, dicke Stopfnadel

Vorbereitung: Hüllblätter einige Tage trocknen, bis sie gelblich sind.
Kurz vor dem Flechten in ein feuchtes Tuch einschlagen, damit sie wieder gut biegsam werden.
Durch Einlegen in Rotkraut-, Zwiebel- oder Spinatsud bekommen die Hüllblätter bläuliche, braune und grüngelbe Farbtönungen. Der Teppich sieht dadurch noch interessanter aus.

Die Kinder schneiden oder reißen die Blätter in ca. 2 cm breite Streifen.
Das erste Blatt zu einem Knoten schlingen aber nicht ganz fest ziehen und die Enden nach links biegen.
In die Schlinge des ersten Knotens kommt nun ein zweiter Knoten, der die Enden des ersten mit verbindet. Die Enden des zweiten Knotens wieder nach links biegen und so weiter knoten, bis so Knoten neben Knoten ein kleiner Ring entstanden ist.
Für die 2. Reihe die Stopfnadel verwenden und

einen Blattstreifen auffädeln. Die Nadel zwischen zwei Knoten durch den fertigen Ring stechen, außen am Ring festknoten und die Enden wieder nach links legen. Den nächsten Maisstreifen einfädeln, links neben dem ersten durchstechen und wieder unter Mitnahme der Knotenenden festknoten.
Das geht so weiter, sodass der Teppich spiralenförmig immer größer wird. Am Schluss die abstehenden Knotenenden mit der Nadel in den Teppich einnähen.
Das Flechten erfordert zwar etwas Geduld, das Ergebnis ist aber sehr lange haltbar und eventuell ein schönes Geschenk.
Die Größe eines Topfuntersetzers ist schnell erreicht. Bei einem Teppich müssen die Kinder zusammenarbeiten!

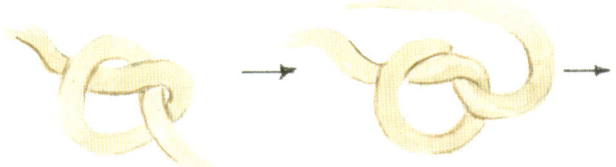

1. Reihe:

Knoten nicht ganz schließen

Enden nach links biegen

2. Reihe

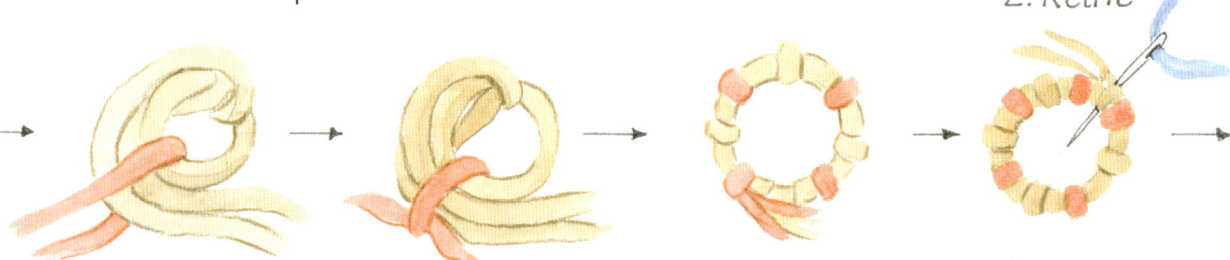

2. Streifen durch die Schlinge vom ersten Knoten

Knoten machen und wieder nach links biegen

immer so weiter bis ein Ring entsteht.

Mit der Nadel zwischen den Knoten in den Ring stechen.

Knotenenden mit hineinnehmen und verknoten, wieder nach links biegen

AUF MAISSPURENSUCHE

Hier suchen die Kinder nicht wie bei den Mayas nach Gottes Fußspuren sondern nach Fußspuren von Freunden oder einfach Spuren von Dingen.
Ein Spiel, bei dem schon ganz kleine Detektive mitmachen können.

Alter: ab 3 Jahren
Material: Maismehl, dunkle Unterlage
(z.B. schwarzer Müllsack), eventuell Sieb, Schuhe der Kinder oder Gegenstände, die schöne Spuren hinterlassen (z.B. Gummitiere, Plastikfiguren, Naturmaterialien wie Blätter, Blüten ...)

Die Kinder legen ihre Schuhe alle auf einen Berg. Daneben auf einer dunklen Unterlage eine dünne Schicht Maismehl ausstreuen oder aussieben.

Während alle Kinder wegschauen (sich wegdrehen) macht die Spielleitung mit einem Schuh aus dem Schuhberg einen Abdruck, wischt den Schuh gleich wieder ab und legt ihn wieder zurück auf den Berg.
Die Kinder raten, wessen Schuh es war.
Der schnellste Detektiv darf den nächsten Abdruck machen, d. h. die alte Spur verwischen bzw. Maismehl darüber streuen, neuen Schuh auswählen, Abdruck machen und Schuh unauffällig zurücklegen ...

Besonders lustig kann eine „Miniaturspurensuche" mit Abdrücken von kleinen Gummitieren, Plastikfiguren oder Naturmaterialien sein.
Welches Tier, Männchen oder ... hat hier seine Spuren hinterlassen?

TIPPS UND TRICKS FÜR DEN EIGENEN GARTEN

Für den Maisanbau ist etwas Geduld vonnöten: Er darf nicht zu früh ausgesät werden und es dauert bis in den Herbst, bis die Kolben wirklich reif sind. Für Bastel- oder Spielmaterial ist es einfacher, einen Bauern um ein paar Futtermaiskolben zu fragen.
Bei besonderen Maissorten bringt es der Anbau im eigenen Garten: Zuckermais kann schon im Sommer geerntet werden, Puffmais und Ziermais (Erdbeer- oder Indianermais) wegen seiner tollen Körner.

Unter Beachtung einiger Dinge gelingt der Anbau dieser besonderen Sorten bestimmt:

- Maispflanzen sind äußerst frostempfindlich. Ihr Anbau darf erst ab Mitte Mai erfolgen. Bei einer Temperatur von 20 °C keimen sie optimal.
- Mais liebt die Gesellschaft von Bohnen und Kürbissen. In Mexiko wird er fast immer gemeinsam gesetzt. Die Maisstängel sind dann gleich Rankhilfen für die beiden anderen Gemüsesorten.
- Mais immer dünn aussäen, sonst erstickt er sich gegenseitig: am besten je 2 Samenkörner 4 cm tief und im Abstand von ca. 40 cm. Da der Mais vom Wind bestäubt wird, unbedingt mehrere Pflanzen säen.
- Bei guter Wasser- und Nährstoffversorgung werden die ersten Zuckermaiskolben im Juli, die Ziermaiskolben ab August geerntet.

SALAT, KOHL & KRAUT
KNACKIGE BLATTSCHÄDEL

Kraut, Kohl und Salate bilden Köpfe mit dicht gepackten Blättern. Jeder dieser Blattschädel bietet Interessantes für neugierige Kinder: der eine färbt, der andere perlt ab, der nächste schmeckt, schmückt, und schießt – wie bitte? Das muss doch ein Irrtum sein oder? Am besten – weiter lesen!

Steckbrief

SALAT

Salat:
Blatt: mehr oder weniger offene Blattrosette, unterschiedliches Aussehen je nach Salatsorte
Stängel: gestaucht, enthält Milchsaft

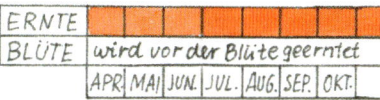

ERNTE							
BLÜTE	wird vor der Blüte geerntet
	APR.	MAI.	JUN.	JUL.	AUG.	SEP.	OKT.

Was ist noch besonders?
- wild als Unkrautpflanze (Lattich)
- An langen, feucht-warmen Sonnentagen „schießt" der Salat durch schnelles Längenwachstum des Blütensprosses (Blüte: blassgelbe Körbchenblumen) (Frucht: Schirmchenflieger)

KOHL

Kohl:
Blatt: krause Rosettenblätter, locker zusammengelegt, unbenetzbar
Stängel: gestaucht

Was ist noch besonders?
- wild als Küstenpflanze auf Helgoland
- Blüte: gelbe Blütentrauben
- Frucht: Schoten, Selbstausbreitung durch Aufplatzung

ERNTE							
BLÜTE	wird vor der Blüte geerntet
	APR.	MAI.	JUN.	JUL.	AUG.	SEP.	OKT.

KRAUT

Kraut:
Blatt: dicht (zu einem Kopf) gepackte Rosettenblätter, grün oder blaurot je nach Krautsorte
Stängel: gestaucht

ERNTE							
BLÜTE	wird vor der Blüte geerntet
	APR.	MAI.	JUN.	JUL.	AUG.	SEP.	OKT.

Was ist noch besonders?
- Blüte: gelbe Blütentrauben
- Frucht: Schoten, Selbstausbreitung durch Aufplatzung
- variierende Blattfarbe bei Rotkohl je nach Säuregehalt

SALATKOMPASS

Als Ursprungsform des Salates wird der Wild- oder Kompasslattich vermutet. Er ist zwar nicht essbar, aber eine sehr originelle Pflanze, die sich an trockene Unkrautstandorte angepasst hat. Ihre Blattflächen breiten sich nach Osten und Westen aus, die Blattränder hingegen nach Norden und Süden. Dadurch bleibt der Kompasslattich von der starken Mittagssonne verschont, die Strahlen der Morgen- und Abendsonne kann er aber in günstiger Lage empfangen. Dieser Lattich zeigt also wie ein Kompass immer die Himmelsrichtung an.

KOMPASSLATTICH

seitliche Blatt-ränder zeigen nach Norden oder Süden

Blattflächen sind nach Osten oder Westen gewendet

Magnet

SEHEN
EINGEBAUTER KOMPASS

In dieser Aktion beobachten die Kinder eine tolle Schutzeinrichtung der Natur.

Alter: ab 6 Jahren
Material: Kompasslattich am Standort (an Straßenecken, Straßen- und Wegrändern, entlang Mauern), Kompass

Kompasslattich an einem sonnigen Tag aufsuchen und genau betrachten.
Stellung der Blattflächen und der Blattränder mit dem Kompass bzw. mit dem Stand der Sonne vergleichen: Die Blattränder gehen mit dem Kompass konform, die Blattflächen nicht.

EXPERIMENT
KOMPASSBLATT

Alter: ab 4 Jahren
Material: Salatblatt (das schwimmen kann), starker Magnet, große Nähnadel, große Schüssel mit Wasser

Mit einem möglichst starken Magneten fahren die Kinder längs über eine Nähnadel (Eisen!). Sie bewegen ihn dabei – wie beim Streicheln einer Katze – immer in eine Richtung und ziehen ihn im weiten Bogen zurück. Am besten magnetisieren sie die Nadel rundum. Die Nadel wird dadurch zu einem Magneten.
Die Nadel legen sie auf ein leichtes Schiffchen (Salatblatt) in eine Wasserschüssel.

Was passiert?
Schon nach kurzer Zeit (nach ca. 1 Min.) richtet die Nadel sich im Erdmagnetfeld in Nord-Süd-Richtung aus.

Der Salat schießt!

(Evamarie Taferner)

Viola geht mit ihrer Mutter zur Gemüsebäuerin. Während Frau Meier die Karotten, die Petersilie, den Sellerie und das Kraut in Papiersäcke packt, beklagt sie sich über das heurige Wetter.

„Es ist wirklich zum Verzweifeln! Im Frühling war es so lange kalt, dann hat es wochenlang nur geregnet und nachher kam noch die Trockenheit. Wir kommen mit der Bewässerung nicht mehr nach. Auch mit dem Gemüse ist es zum Verrücktwerden. Einmal sind es die Schnecken, dann die Blattläuse und jetzt beginnt gar der Salat zu schießen, ich mag gar nicht mehr auf den Acker gehen."

Viola hat aufmerksam gelauscht. Sie wirft ihrer Mutter einen angstvollen Blick aus ihren großen, runden Augen zu. „Hoffentlich kauft sie keinen Salat", denkt sie, „denn wenn der schießt, dann sind wir doch alle tot!"

Sie zieht an der Hand der Mutter, was soviel heißt, dass sie fortgehen möchte. Doch die Mutter lässt sich von Violas Verlangen nicht beirren. Sie nickt der armen Frau verständnisvoll zu, ja, ja, dieses Wetter!

Endlich auf dem Heimweg kommen die beiden bei einem großen Salatfeld vorbei. Viola weigert sich, einen Schritt weiterzugehen.

„Was hast du denn schon wieder, Viola, ich kann dich wirklich nicht mehr zum Einkaufen mitnehmen", meint die Mutter ärgerlich.

„Aber Mama, die Frau hat doch gesagt, dass der Salat zu schießen anfängt, weil er sich nicht wohl fühlt. Wenn er uns trifft, sind wir dann tot?"

Da muss die Mutter lachen und Viola ist beleidigt, das ist doch klar!

„Ach du kleiner Angsthase, du hast das falsch verstanden! Wenn der Salat keine runden Köpfe bilden will, sondern nur steil in die Höhe wächst, dann sagt man er „schießt". Du brauchst dich vor ihm also nicht fürchten, er ist ganz harmlos. Bist du nun beruhigt?"

Mit leicht fragendem Blick schaut Viola zu ihrer Mutter auf. Soll sie ihr das glauben oder nicht?

KOPFSALAT

Kopfsalat, in manchen Gegenden auch als Salatschädel bezeichnet, ist eine Züchtung zu Beginn der Neuzeit, also um 1500.

Besonders runde und feste Köpfe bildet der Eis-, Bummerl- oder Krachsalat. Seine festen, glänzenden, fleischigen Blätter sind eng miteinander verbunden und bleiben lange knackig und frisch.

Der Häuptelsalat (auch Grüner Salat oder Kopfsalat genannt) bildet zunächst eine offene Blattrosette, aus der sich mit der Zeit ein dichter, fester Kopf aus sich überdeckenden zarten weichen Blättern entwickelt. Die inneren Blätter des Kopfes erhalten weniger Licht und sind deshalb heller und zarter. Sie bilden das so beliebte gelbe Salatherz.

Auch der Gehalt an Vitamin C verändert sich von außen nach innen – er nimmt ab.

Wenn die Tage länger werden, wird jeder Salat blühen und Samen erzeugen, um sich fortzupflanzen (wie das alle Pflanzen tun). Er wächst aus bzw. schießt in die Höhe. Schießender Salat bildet einen ca. 1 m langen Spross mit kleinen schuppenförmigen Blättern, blassgelben Blütchen und später löwenzahnähnlichen Samen.

TIERISCHE SALATE

Ein tierischer Dank an den gesunden Vitaminträger zum Anschauen oder Essen!

Alter: ab 5 Jahren

SALATSCHWEIN

Material: Salatkopf (Grüner Salat, Eichblattsalat, Lollo rosso), Gewürznelken

Den Salatkopf im Ganzen gründlich waschen, trocken schütteln und mit dem Strunk nach vorne hinlegen.

Der Salatstiel ist der Schweinsrüssel – zwei Nelken als „Nasenlöcher" hinein stecken.

Die Augen ebenfalls aus Gewürznelken stecken.

Mit zwei Salatblättern die Ohren drapieren.

Je nach Salatsorte variiert das Aussehen der Schweineköpfe.

Die Schweineköpfe sind lustig anzuschauen, zum Essen müssen sie „geschlachtet" werden: Die Blätter abzupfen, in Dressing tunken und schmecken lassen!

Salatschwein aus Eissalatkopf

Salatschwein aus grünem Salatkopf

SALATSCHWAN

Material: Eissalat, Erbsen, Cocktailtomaten, Mais, Mozzarella, Essig, Öl, Salz, Schaschlikstäbe

Die äußeren Blätter des Eissalates vorsichtig ablösen und als Schwanenkörper (wie eine längliche Schale) zusammenlegen.
Das Innere des Kopfes in grobe Stücke schneiden.
Aus einem Eissalatstück ein schwanenkopfähnliches Stück suchen und auf einen Schaschlikstab spießen.
Den Körper mit einer bunten Salatmischung aus Eissalatstücken, Erbsen, Mais, Cocktailtomaten, Mozzarellastücken – und das alles abgeschmeckt mit Essig und Öl – füllen.
Den Schaschlikstab als Hals in den Körper stecken. Den Schwan auf einen Teller setzen.

Tipp: Wird ein großes Eissalatblatt auf den Stab gespießt und als Segel in die Mitte des „Körpers" gesetzt, entsteht ein Salatsegelschiff!

ROTKRAUT ODER BLAUKRAUT

Rotkohlblätter besitzen eine schöne Farbe, die durch Dünsten gewonnen werden kann.
Das Tolle daran ist aber, dass die Farbstoffe des Rotkohls wie Lackmuspapier reagieren: im sauren Bereich rot, im neutralen Bereich blauviolett und im basischen Bereich türkisgrün. Damit Rotkohl schön rot bleibt, wird er oft mit Äpfeln zubereitet. Die Säure der Äpfel sorgt für seine rote Färbung. In anderen Regionen wird er als Blaukraut bezeichnet und durch Zuckerzugabe die Blaufärbung des Kohls beibehalten.
Auch auf Feldern variiert die Blattfarbe von dunklem Lila bis Rot, je nachdem ob es sich um saure oder alkalische Böden handelt.

EXPERIMENT & SEHEN
FARBSPIELE MIT ROTKOHL

Alter: ab 4 Jahren (mit Hilfe von Erwachsenen)
Material: Rotkohl, Wasser, Essigessenz, Natronpulver, möglichst schmale hohe Gläser

Vom Rotkohl einige dünne Scheiben abschneiden und mit $1/4$ l Wasser kurz aufkochen.
Den blauen Rotkohlsaft abseihen und für folgende Experimente verwenden:

SALATSCHWAN

Salatmischung

SALATSCHIFF

ROTBLAUE KOHLZAUBEREI

Ein ganz einfacher wirkungsvoller Zaubertrick!

Vor der Zauberei 2 Glasfläschchen vorbereiten:
- eines mit Wasser ausspülen,
- das andere mit Essigessenz.

Nun beginnt der Teil für das Publikum:
Die beiden Fläschchen (mit Hilfe eines Trichters) mit Rotkohlwasser füllen.
Dazu einen geheimnisvollen Zauberspruch murmeln, dann ist die Zaubervorführung noch wirkungsvoller:
„Fliegendreck und Schlangenkot, dieses Fläschchen werde rot!
Schierlingskraut und Bärenklau, dieses Fläschchen bleibe blau!"

Was passiert?

Das „saure" Fläschchen färbt sich wie von Zauberhand rot, während das andere blau bleibt.

FARBORGEL

Noch mehr Farben!

5–10 Gläser vorbereiten und etwas Rotkohlsaft einfüllen.
Nun spielen die Kinder mit Farben:
- Essigessenz ist eine Säure und färbt den Rotkohlsaft rot.
- Mit zunehmendem Säuregehalt lässt sich eine schöne Farbreihe von blau über violett nach rot erzeugen.

- Natronpulver ist eine Base und färbt den blauen Rotkohlsaft türkisgrün.

Farborgel nicht wegschütten. Sie findet weitere Verwendung für den „Hexenkessel".

HEXENKESSEL

Brodelndes Hexengebräu!

Ein großes Gefäß vorbereiten und alle Gläser der Farborgel hinein leeren.

Was passiert?

Durch das Zusammenmischen von Säuren (Essigessenz) und Basen (Natron) entwickelt sich eine „hexisch" blubbernde und aufschäumende violette Flüssigkeit!

Grünkohlblatt

SAUBERER GRÜNKOHL

Der Grünkohl lässt keinen Schmutz an sich heran. Auf der Oberfläche seiner Blätter sitzen Wasser abstoßende winzige Wachskristalle, die sie rau und unbenetzbar machen. Wasser rollt tropfenförmig ab und reißt Schmutzpartikel mit sich. Dieses Gemüse schützt sich so vor Staub, Ruß und schädigenden Pilzsporen. Sie werden vom Regen sofort abgewaschen.

Diese Eigenschaft der Selbstreinigung wird als Lotos-Effekt bezeichnet, weil er bei der Lotospflanze als erstes untersucht worden ist. Auch die Blätter von Kapuzinerkresse und Akelei sowie Libellen- und Schmetterlingsflügel besitzen diese tolle Fähigkeit.

Inzwischen gibt es auch schon Produkte mit Lotos-Effekt: z.B. Tischtücher, an denen Rotweintropfen abrollen und dadurch keine hässlichen Flecken erzeugen.

EXPERIMENT & SEHEN
SELBSTREINIGUNG

Das Phänomen der Unbenetzbarkeit und Selbstreinigung ist faszinierend!

Alter: ab 4 Jahren
Material: Grünkohlblätter (möglichst frisch), Wasser, Tuch, Spülmittel, Mehl

Verschiedene Experimente machen die Unbenetzbarkeit und Selbstreinigungskraft des Grünkohlblattes deutlich:

- Etwas Wasser auf ein Grünkohlblatt aufbringen: Es formt sich sofort zu einem großen Tropfen und läuft ohne zu haften ab. Die Oberfläche bleibt dabei trocken.
- Etwas Mehl auf das Blatt stäuben: Der aufgebrachte Wassertropfen nimmt es mit sich. – Das Grünkohlblatt reinigt sich durch seine Wachsschicht ganz einfach selbst.
- Das Blatt etwas abreiben, dann erst mit Wasser benetzen: Die Wachsoberfläche ist dadurch zerstört, das ganze Blatt benetzt sich mit Flüssigkeit und kann sich auch nicht vom aufgebrachten Mehl befreien.
- Wasser mit Spülmittel auf ein Grünkohlblatt aufbringen: Das Spülmittel bewirkt eine chemische Veränderung der Wachskristalle. Auch dann werden die Blätter benetzbar.

SPIEL

SPIEL
TROPFENSTAFFEL

Alter: ab 5 Jahren
Material: 1 frisches Grünkohlblatt pro Kind, Wasser, Tinte
Ort: großer Raum oder Garten

Die Kinder teilen sich in 2 Gruppen auf und stellen sich jeweils in einer 10 m langen Reihe auf. Jedes Kind bekommt ein Grünkohlblatt, das erste Kind jeder Gruppe bekommt in seine Kohlblattschüssel einen Esslöffel Wasser (mit Tinte gefärbt). Es wird sich zu einem blauen Tropfen zusammenfügen.
Nun geht es darum, den blauen Tropfen möglichst schnell von Kind zu Kind bzw. von Kohlblattschüssel zu Kohlblattschüssel bis zum letzten Kind weiterzugeben.
Die Gruppe, die es schneller schafft und zumindest einen noch teelöffelgroßen Tropfen mitbringt, hat gewonnen.

DAS INNENLEBEN DER KRAUTSCHÄDEL

Rotkraut oder Weißkraut in der Mitte durchgeschnitten ist ein faszinierender Anblick. Die einzelnen Kohlblätter sind auf engstem Raum dicht gepackt. Botaniker sehen die Köpfe als Blattknospe, da sich die Blätter ja nicht entfalten. Wird der Krautschädel der Länge nach halbiert, tritt ein schöner Baum mit dichtem Geäst zutage, der besonders beim Rotkohl durch seine Rot-Weißfärbung überrascht. Werden die Köpfe quer halbiert, erscheint ein Muster ähnlich einer gefüllten Rose.

SEHEN & KUNST
KRAUTBÄUME UND KRAUTROSEN

Ein baumstarkes Stempelvergnügen ...

Alter: ab 4 Jahren
Material: Rotkraut oder Weißkraut, Pinsel, deckende Wasserfarben, Zeichenpapier (evtl. Stoffmalfarbe und Stoff, schlichtes Geschenkpapier)

Vorbereitung: Die Krautköpfe am Vorabend in ca. 1 cm dicke Scheiben (Stempel) schneiden. Quer durchgeschnittene Köpfe ergeben „Rosenstempel", längs durchgeschnittene „Baumstempel". Durch oberflächliche Trocknung tritt die Struktur beim Stempeln noch besser heraus.

Die Kinder bepinseln die Scheibe mit Farbe und drucken damit auf Papier.
Auf diese Weise entstehen aus den Querstempeln wunderschöne **Rosenblüten**. Die Stängel und Blätter malen die Kinder einfach dazu.
Aus Längsstempeln ergeben sich Büsche, Baumkronen (mit dazu gemaltem Stamm) oder ganze **Wälder**. Übrigens: Längsgeschnittene Weißkrautstempel stellen eine perfekte Schirmpinien-Baumkrone dar.
Teile der Stempel ermöglichen kleine **Hügelchen**, auf denen die Wälder stehen.

Tipp: Die Kinder können auch Kleidung (mit Stoffmalfarben) oder Geschenkpapier auf diese Art bedrucken.
Hinweis: Um Krautschädel zu sparen, können bei vielen Kindern die Farbseiten der Stempelscheiben mehrmals abgeschnitten werden.

TIPPS UND TRICKS FÜR DEN EIGENEN GARTEN

- Am einfachsten ist es, gleich ganze Pflänzchen aus der Gärtnerei zu besorgen. Eine Anzucht aus Samen ist mühsam und langwierig und die Pflänzchen sind nicht teuer.
- Pflänzchen in ein Beet mit guter Erde und mit mindestens 30 cm Abstand zueinander setzen.
- Schnecken lieben vor allem Salat. Daher morgens und abends sicherheitshalber ablesen und auf einer Wiese aussetzen.
- Je nach Zeitpunkt der Setzung gibt es die Ernte: z. B. im März gesetztes Kraut kann bereits im Mai als Frühkraut geerntet werden; im Sommer gesetzter Salat wird im Herbst geerntet.
- Immer nur ein paar Setzlinge auf einmal pflanzen, sonst gibt es besonders bei Salat eine „Schwemme".
- Je nach Witterung und Sorte ist nach 1–2 Monaten eine Ernte möglich.
- Spätkohlsorten müssen erst bevor es wirklich kalt wird (Frost) eingelagert werden. In feuchten, kühlen Kellerräumen halten sie sich als Wintergemüse lange frisch.

GÄRTNEREI
TOPFPERÜCKEN

Topfsalat – praktisch und schön!

Alter: ab 6 Jahren
Material: junge Salatpflänzchen der Sorte „Lollo Rosso", Blumentöpfe (am besten einen Erdbeertopf); Blumenerde

Die Salatpflänzchen in Töpfe setzen, ins Freie stellen und für genügend Feuchtigkeit sorgen. Bald schon sind die Töpfe mit gekräuselten, rotgeränderten Blättern verziert. Besonders hübsch sehen Erdbeertöpfe mit solchen „Salatperücken" aus. In 1–2 Monaten sind Jungpflanzen ausgewachsen.
Auch nach dem „Schießen" sieht diese Salatsorte originell aus: ein kleines Bäumchen, das sich ebenso gut für Blumensträuße verwenden lässt.

TOMATE
DIE WILDE ROTE

Tomaten sind Früchte mit ganz gegensätzlichen Eigenarten:
Einerseits sind sie die Sonnenkinder, die bei genügend Wärme zu paradiesisch schmeckenden „Paradeisern" gedeihen. Schon ein kleiner Balkon reicht, um sich dieses Paradies selbst zu schaffen.
Es gibt aber noch eine ganz andere, eine wilde Seite dieser tollen Tomate. Dann spricht man von Duftvertreibern, Roten Granaten, Ketchupblut, Killertomaten ... – Wenn das nicht zum Fürchten ist!

Steckbrief

Was ist noch besonders?
- Blüten und Früchte gleichzeitig an einer Pflanze
- im 17. Jh. von Mexiko nach Europa gekommen
- Wärmekeimer, frostempfindlich
- bis auf die reife Frucht ist die ganze Pflanze schwach giftig

Blüte: gelbe Pollen-Glockenblumen, Bestäubung selbst und durch Hummeln

Blatt: gefiedert, mit unangenehm riechenden ätherischen Ölen

Stängel: bis 1,5 m hoch

Frucht: rot gefärbte Beeren, leicht stachelige Samen, Verdauungsausbreitung und als Anhafter

	APR.	MAI	JUN.	JUL.	AUG.	SEP.	OKT.
BLÜTE			■	■	■	■	■
ERNTE				■	■	■	■

VON DER TOMATL BIS ZUM GRÜNEN ZEBRA

Die „Tomatl", so wurde die Tomate von den Indianern genannt, kam im 16. Jahrhundert aus Südamerika nach Europa. Zunächst wurde sie wegen der vermeintlich giftigen Früchte (die in Wirklichkeit nur im unreifen Zustand giftig sind) und des strengen Blattgeruchs nur als Zierpflanze angebaut.

Durch Züchtungen hatte sich die Form und Farbe der Tomate verändert: sie ist dicker und roter geworden. Sie wurde daher Wolfspfirsich genannt, was soviel bedeutet wie „schön aussehen, aber nichts taugen".

Erst nach 1900 erlangte die Tomate Bedeutung als Nutzpflanze.

Heute gibt es über 600 verschiedene Tomatensorten! Sie können nicht nur rot und rund sein, sondern auch gelb, braun, grün oder orange, innen rot und außen orange oder sogar bunt gestreift. Manche sind behaart wie Pfirsiche, lang gezogen wie Paprika, spitz oder klein oder haben die Form von Birnen oder Zitronen. Oft haben sie ganz lustige Namen z.B. „Gold Nugget" – gelbe Kirschtomate mit wenig Samen; „Roter Nil" – ovalrunde Stabtomate aus Ägypten; „Russisches Herz" – lilafarbene herzförmige Tomate; „Schneeweiß" – elfenbeinfarbene Kirschtomate; „Zahnrad" – rote Tomate mit 5 Zacken; „Grünes Zebra" – grün-gelb gestreifte Tomate.

WERKEN & SCHMECKEN

TOMATENKANU UND BARBIETOMATEN

Alter: ab 6 Jahren
Material: verschiedene Sorten Tomaten (Cocktailtomaten, Flaschentomaten …), Zahnstocher, kleines Sägemesser, Schneidbrett

Verschiedenartige Tomatensorten regen zum fantasievollen Werken an. Die Tomatenform bestimmt das Ergebnis, z.B. eignen sich längliche Tomaten für tolle Kanus oder Fahrzeuge. – Durch Herumprobieren, Zusammenstecken und Abschneiden reifen die Ideen.

Kanu: Eine längliche Tomate zur Bootsform aushöhlen, Bänke und Paddel aus Gurken- oder Paprikastücken + Holzspieß schneiden und stecken, Kanufahrer aus kleinen Tomaten zusammenstecken (Cocktailtomate, „Glühbirne").

„Barbie": Den üppigen Körper bilden eine halbe längliche Tomate sowie 2 Tomatenkappen, den Kopf eine Cocktailtomate. Alles mit Zahnstochern zusammenstecken.

EXPERIMENT & BASTELN & GÄRTNEREI

TOMATENSAMENIGEL

Alter: ab 6 Jahren
Material: sehr reife Tomate, verschließbares Glas, etwas Wasser, Sieb, kleines Papiersäckchen

Samen aus einer besonders tollen reifen Tomate nehmen und in ein verschließbares Glas geben. Etwas Wasser zugeben und auf das Fensterbrett stellen. Bald schon beginnen die Samen zu gären.

Durch das Vergären (ca. 1 Woche) und anschließende Waschen löst sich die glitschige, schleimige Schicht rund um den Samen.

Die Samen in einem Sieb abwaschen, trocknen und in ein Samensäckchen füllen.

Basteln: Die Samen sehen aufgrund ihres Pelzes und ihrer Form wie Miniaturigel oder, wenn kleine Füßchen dazugemalt werden, wie kleine Käfer aus. Aus gepressten Blättern, Blüten und Stängeln kleben ihnen die Kinder Wohnungen und Gänge.

Saat: Die getrockneten Samen können sofort keimen. Die Samen in eine Schale mit Aussaaterde säen und mit etwas Erde bedecken. Nach 1–2 Wochen sprießen die ersten Keimblätter aus der Erde. Wenn die Pflänzchen etwas größer geworden sind, einzeln in Töpfe umpflanzen. Sie können nun zu Tomatenstauden heranwachsen.

„Weißt du eigentlich, was ein Wolfspfirsich ist?"

(Evamarie Taferner)

Camilla ärgert sich. Sie ärgert sich maßlos. In diesem Zustand ist mit ihr nicht gut „Kirschen essen". Ihre Schwester macht da immer einen großen Bogen um sie. Aber Camilla sitzt jetzt in der Schulbank. Abwechselnd wird sie rot und blass im Gesicht. So gemein, denkt sie, wie kann man nur so falsch und gemein sein! Dabei tut Sylvia doch immer so süß und lieb. Zuckersüß! Und dann geht die zur Lehrerin und verpetzt die anderen. So wie mich jetzt, faucht Camilla vor sich hin.

Lieb sieht Sylvia ja aus und darum würde man ihr gar nicht so etwas Böses und Hinterhältiges zutrauen, überlegt Camilla im Stillen. Mir muss irgendetwas einfallen, um meinem Ärger Luft zu machen. Etwas, dass keine Beleidigung ist, aber trotzdem das Verhalten von Sylvia trifft.

Sie denkt nach, lange, und dann ... gerade dann geht Sylvia unschuldig lächelnd an ihr vorbei.

Camilla ergreift ihre Chance und fragt Sylvia, genauso unschuldig lächelnd. „Weißt du eigentlich, was ein Wolfspfirsich ist?"

Sylvia schaut erstaunt. „Was soll das sein?"

Jetzt triumphiert Camilla.

„Früher wurden grüne Tomaten so genannt, weil sie von außen schön aussehen, aber schauderhaft schmecken. Außen hui, innen pfui! Genauso ein Wolfspfirsich bist du auch!"

Jetzt hat sie es ihr aber gegeben!

DAS STRENGE BLATTGRÜN

Durch den Gehalt an ätherischen Ölen stoßen Stängel und Blätter der Tomatenpflanze einen strengen Geruch aus. Das wird besonders bei Berührung oder Abpflücken eines Blattes deutlich. Stechmücken lieben diesen Duft gar nicht. Tomaten auf dem Balkon oder vor der Fensterbank, oder in der Küche aufgehängte Tomatenblattbüschel sind daher gute Insektenvertreiber.

RIECHEN & SEHEN
GRÜNE TOMATENFARBE

Tomatengrün riecht nicht nur streng, sondern färbt auch.

Alter: ab 6 Jahren
Material: frisches (wichtig!) Stängelgrün von Tomatenrispen, Schere, Papier

Die Stängel mit einer Schere in kurze Stücke schneiden. Durch seitliches Aufsetzen der Stängelteile auf Papier wird die äußere Stängelschicht abgerieben und färbt dabei intensiv grün ab. So kann mit Tomatengrün geschrieben oder gemalt werden.

TOMATENSTERNSTEMPEL

Ein Stempel aus der Natur!

Alter: ab 5 Jahren
Material: frische Fruchtstiele von Tomatenfrüchten (am besten Cocktailtomaten), Stempelkissen in verschiedenen Farben, Zeichenpapier

Die Kinder knipsen die Fruchtstiele von den Tomatenfrüchten ab, nehmen sie am Stiel zwischen Daumen und Zeigefinger, tauchen die „Sternenfläche" in das Stempelkissen und drücken sie auf Papier.
Durch Herumexperimentieren (z.B. je nachdem, ob sie mehr in der Mitte oder seitlich andrücken) entstehen verschiedene Abdrücke, die an Schmetterlinge, Vögel, Blumen oder Tierspuren erinnern.
So können die Kinder unterschiedliche Themen z.B. Spuren im Schnee, Tierspuren, Schmetterlingsflug etc. auf Papier bringen!

Hinweis: Die Naturstempel sollten frisch sein, am besten direkt vom Strauch. Liegen die Tomaten einige Zeit, so werden ihre Fruchtstiele trocken und porös und sind nicht mehr ideal zum Stempeln geeignet. Am schönsten und zartesten sind die Fruchtstiele von Cocktailtomaten.

DIE WILDE TOMATE: BLUT, ROTE GRANATE UND TOMATINA!

Die Tomate hat auch eine wilde Seite: Blut ist in gruseligen Filmen immer Ketchup, und Ketchup besteht größtenteils aus Tomaten. In dem Film „Angriff der Killertomaten" geht die Menschheit beinahe sogar im Ketchup unter! Das ist natürlich Blödsinn, aber:
Grilltomaten können wirklich gefährlich sein: Die dabei eingesperrte heiße Flüssigkeit steht unter Druck und spritzt bei leichter Beschädigung der prall gespannten Außenhaut wie eine Granate in alle Richtungen.
Tomatina ist aber sicher das Wildeste, was Tomaten zugefügt werden kann: Jedes Jahr, am letzten Mittwoch im August, wird in Buñol, einer kleinen Stadt in der Nähe von Valencia (Spanien) das Fest Tomatina gefeiert. Schon am Vortag packen die Bewohner von Buñol ihre Häuser zum Schutz in riesige Plastikplanen ein. Am nächsten Tag werden über 140 Tonnen Tomaten in die Stadt gekarrt, die kostenlos zur Verfügung stehen und auf Tausende von Einheimischen und Touristen warten. Eine Start-Feuerwerksrakete kündigt den Beginn der Tomatenschlacht an. Eine Stunde lang dürfen sich alle wild mit Tomaten bewerfen, bis eine weitere Feuerwerksrakete die Schlacht beendet.
Tomatina ist angeblich entstanden, weil ein Mann auf dem Marktplatz so schrecklich falsch gesungen haben soll, dass die Umstehenden aus dem Ort ihn mit Tomaten zum Schweigen bringen wollten.
Dieses Fest sieht jedenfalls ziemlich blutig aus, auch wenn es nur dicke Tomatensauce ist: rot eingefärbte Kleider, brennend gerötete Menschenaugen vom Tomatensaft, Straßen wie rote Rutschbahnen – alles in allem ein rotes Schlammbad!

hier zwischen zwei Finger nehmen und die "Sternenfläche" ins Stempelkissen drücken

QUETSCHTOMATE

Tomaten schneiden, aber mit dem richtigen Werkzeug!

Alter: ab 6 Jahren
Material: Salattomate, Schneidbrett, Tafelmesser, Sägemesser

Die Kinder schneiden zunächst mit einem Tafelmesser (d.h. ohne Säge) eine Tomate in Scheiben. Sie merken dabei, dass das nicht so einfach ist: Die Tomate rutscht weg, wird gequetscht und der Saft spritzt heraus.
Dann verwenden sie ein kleines Sägemesser. Nun schneiden sie spielend die harte Haut der saftigen Früchte durch.

TOMATENSCHMETTERLING

Die Kinder wenden ihre „Schneiderfahrung" an und setzen sie in einem kleinen Kunstwerk um. Tomaten mit einem Sägemesser (!) in feine Scheiben schneiden und die Scheiben wiederum halbieren. Von der halbierten Scheibe die Hälfte der Schale vom Fleisch ablösen, aber nicht abschneiden. So entstehen für den Schmetterling die Fühler. Mit zwei solcher (an der Schalenseite) aneinander gelegter Scheiben entsteht ein wunderschöner Schmetterling.

„WILDE TOMATENREZEPTE"

„ROTE GRANATEN"

Zutaten: einige Tomaten, Kräutersalz, Alufolie

Den Backofen auf 200°C vorheizen, Rost mit Alufolie überziehen, die Tomaten mit Kräutersalz würzen und als Ganzes auf die Alufolie setzen.
Im Ofen ca. 30 Min. auf oberer Stufe grillen.
Vorsicht: Tomaten mit einem „Nicht-Sägemesser" gegessen, können zu Granaten ausarten!

„FILMBLUT"

Zutaten: 1 kg Tomaten, 1 gewürfelte Zwiebel, etwas Knoblauch, 1 EL brauner Zucker, 6 EL Essig, 1 TL Salz, 1 Prise Nelkenpulver, 2 Prisen Piment, 6 Pfefferkörner, 1 Lorbeerblatt, etwas Zimt

Sämtliche Zutaten miteinander vermischen und alles zusammen bei mittlerer Hitze 30 Min. kochen.
Durch ein Sieb streichen und nochmals 20–30 Min. kochen, bis es sämig ist. Immer wieder umrühren!
Kalt werden lassen und in Gläser abfüllen. Hält sich im Kühlschrank ein paar Tage.

TOMATINABROT

Ein einfaches Rezept aus Spanien.

Zutaten: 250 g reife Tomaten, 2 Knoblauchzehen, Olivenöl, Salz, Pfeffer, Weißbrot, eventuell frisches Basilikum und Mozzarella

Frische Tomaten in Würfel schneiden, mit klein geschnittenem Knoblauch, Salz und Pfeffer würzen. Weißbrotscheiben mit Olivenöl beträufeln und mit der Tomatenmischung belegen.
Für ca. 10 Min. im Backofen bei 200 °C backen.
Variante: Frisches Basilikum in die Tomatenmischung geben und mit Mozzarellascheiben belegen, dann backen.

ANGRIFF DER KILLERTOMATEN

Ein Kunstwerk fast wie im Horrorfilm. Wird es in roter Farbe untergehen?

Alter: ab 5 Jahren
Material: Zeichenpapier, Ölkreiden, rote Wasserfarbe, alte Zahnbürste, Spritzgitter oder Sieb

Die Kinder malen mit Ölkreiden eine schöne (spanische) Stadt mit weiß getünchten Häusern, vielen Menschen, Eseln, strahlendem Himmel … auf Zeichenpapier.
Nun kommt der Angriff der Killertomaten: Die Kinder überspritzen (mit Zahnbürste und Gitter) das Bild mehr oder weniger (sodass das untere aber noch ein bisschen erkennbar bleibt) mit roter Farbe.
Übrigens: Durch solche Aktionen sind Leute berühmt geworden!

DAS ROTE FEST

Ein Fest mit: roter Limonade, Ketchup, roten Paprikas und Gummibärchen, roten Lampions und Luftschlangen, roter Kleidung aller Eingeladenen (Rotkäppchen …), rot gedecktem Tisch, Tomatensaft, rotem Wackelpudding, einer Geschichte, in der viel Rot vorkommt, roten Kunstwerken …

TOMATEN!

Text und Musik: Jürgen Geißelbrecht

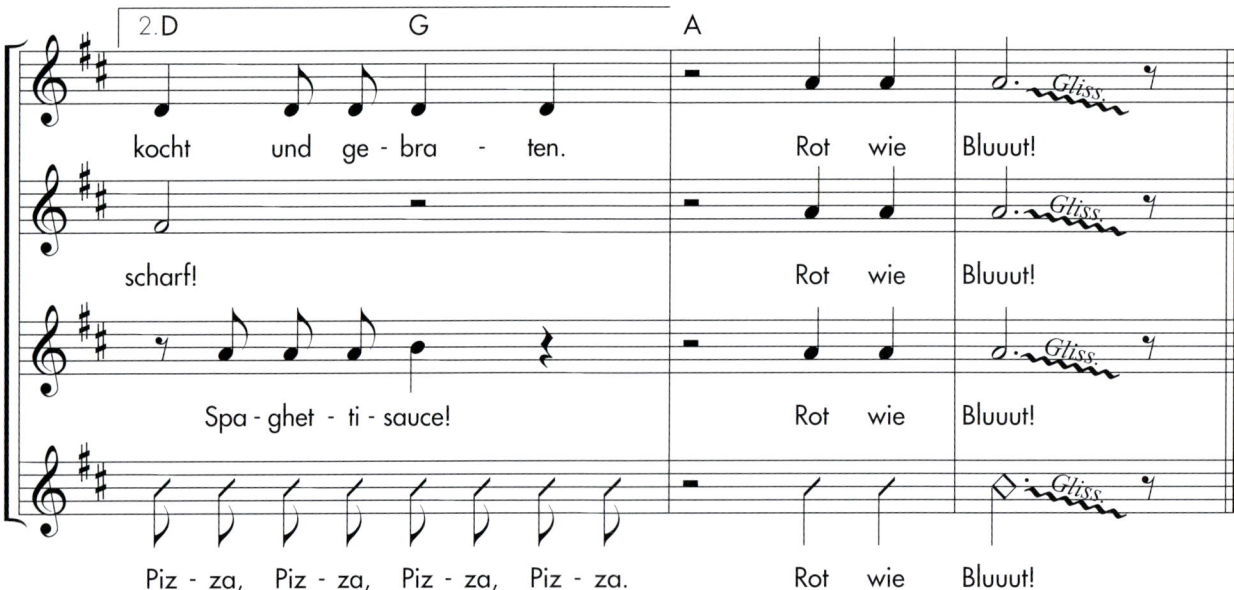

Hinweis: Die Wiederholung so oft singen, wie es Spaß macht; aber natürlich vorher ausmachen! Spannend wird es, wenn die Stimmen nacheinander dazu kommen. Die 4. Stimme nur sprechen; sie bekommt durch den Text einen „Schlagzeug"-Charakter.

Im vorletzten Takt kann auf der Eins (halbe Pause) geklatscht werden. Die „Blut"-Passage so schaurig wie möglich singen. Dann beginnt das Lied wieder von vorne.

SONNENKINDER, PARADEISER, GOLDAPFEL

Tomaten sind echte „Sonnen-Speicher": Je mehr Licht und Wärme sie bekommen und je reifer sie geerntet werden, desto höher ist ihr Nährstoffgehalt und umso besser schmecken sie auch. Darum schmecken eigene Tomaten viel besser als solche aus dem Supermarkt, die fast immer unreif geerntet wurden.

Einige meinen, der Apfel im Paradies sei eine Tomate gewesen. Österreicher nennen noch heute dieses beliebte Gemüse Paradeiser. Vielleicht, weil die Pflanze selbst giftig ist, die Früchte aber essbar.

In Italien, dem Land der Tomaten, heißen sie „pomodori", was soviel wie Goldäpfel bedeutet. Für die Italiener sind Tomaten Goldes wert und möglicherweise deutet der Name auf ihre Herkunft aus dem mexikanischen Goldland Eldorado hin.

Fest steht jedenfalls, dass die Tomate ein mit Wirkstoffen voll gestopfter Kraftprotz ist: ein Paradies an Vitaminen und Mineralstoffen, gut für Kondition und Gedächtnis.

SCHMECKEN

GOLDAPFELNESTER

Ein super-einfaches italienisches Sugo di pomodori, bei der die Pasta-Sauce nicht gekocht wird.

Zutaten: 500 g sonnengereifte Tomaten, 1 Mozzarella, frisches Basilikum, Olivenöl, 300 g Spaghetti, Salz

Tomaten und Mozzarella in sehr kleine Würfel schneiden. Basilikum klein schneiden und dazugeben.

Spaghetti in ausreichend Salzwasser al dente kochen, abseihen und sofort mit 5 EL Olivenöl vermischen.

Aus den Nudeln auf den Tellern kleine Nester formen und in die Mulde das kalte Sugo geben. Erst jetzt salzen!

BASTELN & SCHMECKEN

KRAFTPROTZGESICHTER

Kinder verwandeln Salattomaten in kraftstrotzende Gesichter.

Alter: ab 4 Jahren (für die Augen-, Mund- und Nasenschlitze Hilfe eines Erwachsenen notwendig)
Material: sonnengereifte Salattomaten, Gemüsereste (Karotten, Gurken, Mais, Erbsen, Bohnen, Paprika), kleines Sägemesser, Schneidbrett

Augen-, Mund- und Nasenschlitze in Salattomaten einstechen oder einritzen.

Zum Gestalten der Gesichter verschiedene Gemüsereste verwenden: Augen aus Gurkenteilen, Bohnen, Paprika oder Karotten; Nasen aus Karotten oder Tomatenfruchtstielen; Münder aus Gurken bzw. Schnuller aus Paprika oder Karotten; Haare aus Tomatenfruchtstielen, Kappen aus Gurkenendstücken, Bohnenohren, ...

TIPPS UND TRICKS FÜR DEN EIGENEN GARTEN

● Tomaten lieben Sonne und Wärme. Ein warmes, sonniges und Regen geschütztes Plätzchen auf einem Balkon ist ihnen viel lieber als ein großer Gemüsegarten, in dem sie Wind- und Wetterlaunen ausgesetzt sind. Ist das Wetter ein paar Tage kalt und regnerisch, ist es besser, die Pflanzen ins Haus zu holen. Sonst kann es nämlich passieren, dass die schönen Tomatenfrüchte aufplatzen oder die Pflanze selbst die Krautfäule bekommt.

● Erbsen, Erdbeeren, Ringelblumen und Brennnesseln sind gute Freunde der Tomate und wachsen gerne nebeneinander. Brennnesseln geben noch dazu Ameisensäure und verschiedene Mineralien an den Boden ab, die gemeinsam die Tomate gegen Krankheit schützen und den Geschmack der Tomatenfrüchte verbessern.

● Tomaten lieben aber nicht die Nähe von Kartoffeln. Zusammen gesetzt sind die beiden viel anfälliger gegen Krankheiten z.B. die Krautfäule.

● Am einfachsten ist es, gleich ganze Tomatenpflänzchen in der Gärtnerei zu kaufen. Tomaten aus Samen ziehen ist etwas langwierig.

● Die Tomatensetzlinge in einen großen Blumentopf pflanzen oder in einen Torfsack mit ausgeschnittenen Pflanzlöchern. Besonders Balkon-geeignet sind Cocktail- oder Buschtomaten.

● Handelt es sich um andere Sorten als Buschtomaten, benötigen sie nach einigem Wachstum eine Stange. Die Tomaten daran immer wieder festbinden.

● Seitentriebe, die aus den Blattachseln herauskommen, abknipsen. Das wird auch „Ausgeizen" genannt.

● Tomaten können bis in den Herbst hinein gedeihen. Werden die Nächte zu kalt, ist es besser die grünen Früchte abzunehmen und im Haus nachreifen zu lassen. Grüne Tomaten müssen aber bereits einen hellen Schein haben.

EXPERIMENT & GÄRTNEREI

GEKRÜMMTE TOMATEN

Wurzeln von Pflanzen wachsen immer zum Erdmittelpunkt, die Sprosse hingegen immer aufrecht vom Erdmittelpunkt abgewandt. Junge Tomatenpflanzen können das besonders gut zeigen!

Alter: ab 5 Jahren
Material: einige junge Tomatenpflanzen in Töpfen, Ziegelsteine zum Abstützen der Töpfe, Schnur, Plastiksäckchen

Tomatenpflanzen in ihren Töpfen mit Plastiksäckchen zubinden, damit die Blumenerde beim Umdrehen der Pflanze nicht herausrieseln kann.

Die Pflanze mithilfe abstützender Ziegelsteine auf den Kopf oder auf die Seite stellen.

Was passiert?
Die Kinder beobachten, dass die Tomatenpflanzen, egal in welcher unmöglichen Lage sie sich auch befinden, immer wieder senkrecht nach oben wachsen, indem sie sich krümmen.

ZWIEBEL –
ECHT SCHARFE MATROSCHKA

Von der Zwiebel heißt es: „Hat sieb'n Häut´ und beißt alle Leut!" – Das stimmt zwar schon, doch kann sie weit mehr als nur „zwiebeln"!
Sie ist ein Speicherorgan voll mit Entdeckungsmöglichkeiten, von der kleinsten Zwiebelzelle bis hin zu ihren vielen Schichten. Selbst Zwiebelkostverächter kommen auf ihre Kosten, denn die Zwiebel hat einiges an Zauber, Kreativität und Spielerei auf Lager.
Und was auch nicht zu verachten ist: Sie ist ein wirklich billiges Material und das über das ganze Jahr!

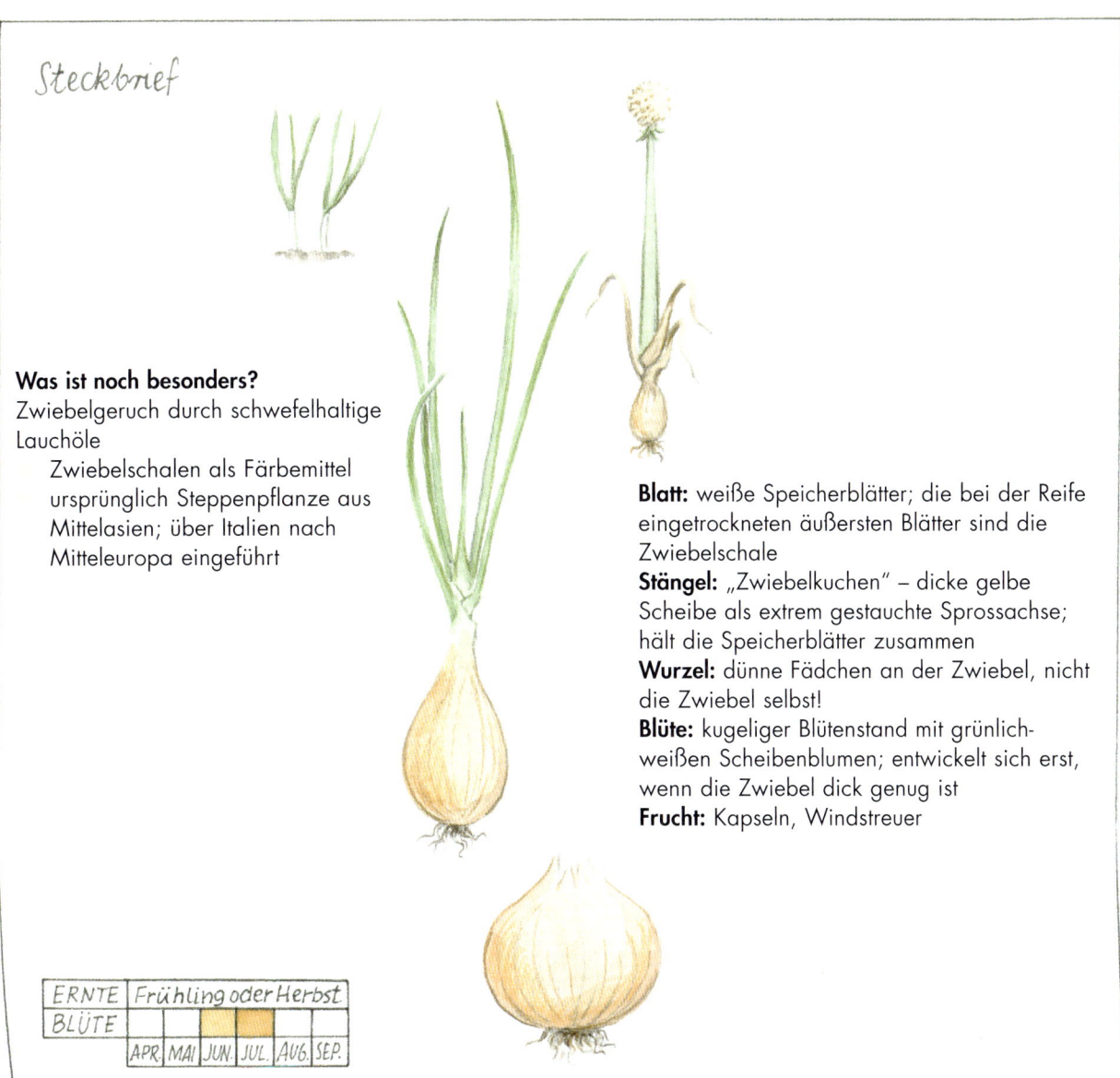

Steckbrief

Was ist noch besonders?
Zwiebelgeruch durch schwefelhaltige Lauchöle
Zwiebelschalen als Färbemittel ursprünglich Steppenpflanze aus Mittelasien; über Italien nach Mitteleuropa eingeführt

Blatt: weiße Speicherblätter; die bei der Reife eingetrockneten äußersten Blätter sind die Zwiebelschale
Stängel: „Zwiebelkuchen" – dicke gelbe Scheibe als extrem gestauchte Sprossachse; hält die Speicherblätter zusammen
Wurzel: dünne Fädchen an der Zwiebel, nicht die Zwiebel selbst!
Blüte: kugeliger Blütenstand mit grünlich-weißen Scheibenblumen; entwickelt sich erst, wenn die Zwiebel dick genug ist
Frucht: Kapseln, Windstreuer

ERNTE	Frühling oder Herbst					
BLÜTE						
	APR.	MAI	JUN.	JUL.	AUG.	SEP.

DAS FRÄULEIN MIT DEN SIEBEN HÄUTEN

Die „Häute" der Zwiebel sind die Schichten, aus denen sie zusammengesetzt ist. Je nach Größe können es mehr oder weniger als 7 Schichten sein.
Rechtzeitig vor dem Absterben der oberirdischen Pflanzenteile werden alle brauchbaren Stoffe in die Zwiebel verlagert, dort gespeichert und somit im Winter kältesicher aufbewahrt. Die einzelnen Schichten lassen sich wie Schuppen auseinander nehmen und haben viel Platz für Reservestoffe. Die Zwiebel ist somit ein wichtiges Speicherorgan.

SEHEN
ZWIEBEL AUSZIEHEN

Wie viele Schichten hat meine Zwiebel?

Alter: ab 3 Jahren
Material: Küchenzwiebeln, Schere

Die Kinder schälen ihre Zwiebel und lösen eine Schicht nach der anderen ab. Das „Ausziehen" geht leichter, wenn die einzelnen Schichten mit einer Schere eingeschnitten werden.
Wessen Zwiebel hat wie viele Häute?

Variante
Zwiebel in der Mitte quer durchschneiden und die Ringe von außen nach innen zählen. Die konzentrischen Ringe sehen wunderschön aus!

SEHEN
ZWIEBELZELLENBETRACHTER

Jede Zwiebelschicht besitzt ein Gewebe mit einer Unzahl von Zellen, die die wichtigen Stoffe über den Winter speichern. Diese Aktion macht auf die Feingliedrigkeit der Natur aufmerksam.

Alter: ab 5 Jahren
Material: große Küchenzwiebel, Messer, Pinzette, feste Papprolle (z.B. von WC Papier)

Die Zwiebel halbieren (von Erwachsenem) und die äußere trockene Haut abziehen.
Die einzelnen Zwiebelschichten auseinander nehmen. Dadurch treten die dazwischen liegenden hauchdünnen durchsichtigen Zwiebelhäute hervor, die die Kinder mit einer Pinzette abziehen.
Ein möglichst großes Stück Zwiebelhaut über das eine Ende der Papprolle spannen – es wird von selbst daran haften.
Den nun fertigen Zwiebelzellenbetrachter gegen eine Lichtquelle (Lampe, Glühbirne, Sonne) richten. Die Zwiebelzellen werden als kleine Pünktchen sichtbar.
Am tollsten ist die „Sicht" unter einem Durchlichtmikroskop: Zellwände, Kristalle und Ölbehälter (die für den Duft zuständig sind) treten in Erscheinung.

Variante
Zwiebelhaut auf einer Fensterscheibe anbringen und mit einer Lupe gegen das Sonnenlicht betrachten.

Papprolle
Zwiebelhaut
darüber ziehen

gegen Lampe
sichten!

EINZWIEBELN

Ein Spiel zum Schwitzen lustig!

Alter: ab 3 Jahren
Material: viele verschiedene Kleidungsstücke (vor allem Pullover, Jacken und Mäntel in verschiedenen Größen)

Die Kinder teilen sich in 2 Gruppen auf.
Aus jeder Gruppe meldet sich ein Kind freiwillig. Diesem ziehen die anderen Kinder der Gruppe so viele Kleidungsstücke an, bis es einfach nicht mehr geht.
Beim Ausziehen werden dann die Gruppen getauscht, damit niemand schwindeln kann.
Welches Kind hat die meisten Schichten an? Besteht die „menschliche Zwiebel" aus mehr als 7 Schichten?

ZWIEBEL-MATROSCHKA

Mit etwas Geschick lässt sich die Zwiebel wie eine russische Puppe auseinander nehmen und wieder ineinander setzen.

Alter: ab 5 Jahren (mit Hilfe eines Erwachsenen)
Material: 1 große Küchenzwiebel, Messer oder Schere, Schneidbrett, wasserfester Stift

Zwiebel schälen. Jeweils $1/5$ der Küchenzwiebel am oberen und unteren Ende abschneiden. Vorsichtig Schicht für Schicht mit einem Messer oder einer Schere einschneiden und abheben. Es entsteht dabei eine Reihe von immer kleiner werdenden Zwiebelschichten.
Die Kinder malen auf jede Zwiebelschicht eine lustige Grimasse.
Jetzt können sie die Schichten wie eine Matroschka immer wieder ineinander und auseinander bauen.

ZWIEBEL MATROSCHKA

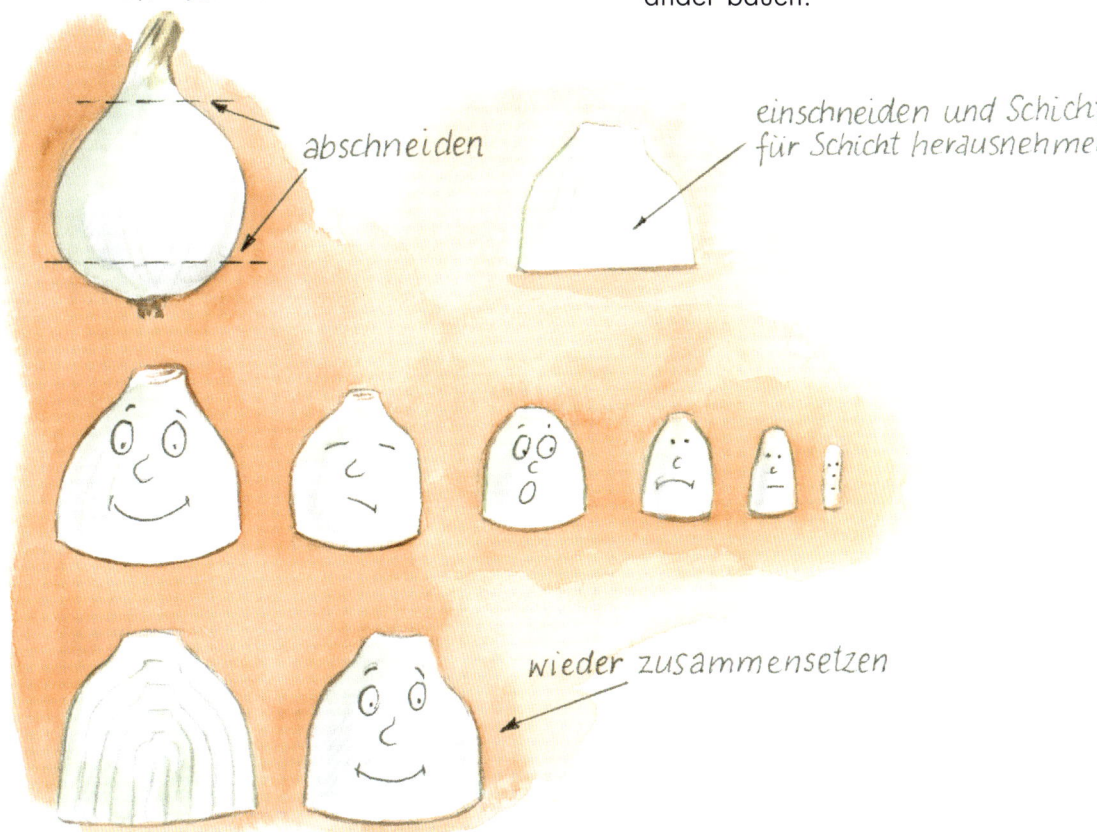

abschneiden

einschneiden und Schicht für Schicht herausnehmen

wieder zusammensetzen

KOMPLETTE PFLANZE IM TARNKLEID

Auch wenn es auf den ersten Blick nicht so aussieht: Die Zwiebel ist eine komplette Pflanze mit Wurzeln, Stängel und Blättern, nur alles ein bisschen zusammengestaucht und dadurch angepasst an das Leben unter der Erde.
Die dünnen Fädchen an der festen Scheibe sind die Wurzel.
Die dicke gelbe Scheibe ist der zusammengedrängte Stängel, der nur dazu da ist, die weißen Schuppenblätter zusammenzuhalten.
Und der Rest – nämlich die große weiße Zwiebel sind lauter Blätter, die aber gestaucht, verdickt und ohne grüne Farbe sind. Kommen sie ans Tageslicht, werden sie grün, lang und dünn.
Für eine komplette Pflanze fehlt noch die Blüte. Auch die gibt es, wenn die Zwiebel lange genug in der Erde steckt und groß genug ist. Der aufgetriebene Stängel trägt dann einen kugeligen Blütenstand aus grünlichweißen Blüten.

SEHEN
ENTTARNUNG

Die Zwiebel wird in dieser Aktion als komplette Pflanze mit Wurzel, Stängel und Blättern, und nicht nur als „Speicherwurzel", bewusst gemacht.

Alter: ab 5 Jahren
Material: Küchenzwiebel, Messer, Holzbrett

Küchenzwiebel längs durchschneiden, genau ansehen und zuordnen:
Blätter: die weißen Schuppenblätter
Stängel: die dicke gelbe Scheibe
Wurzeln: die dünnen Fädchen an der Scheibe

EXPERIMENT & SEHEN
WURZEL- UND BLATTTREIBEN

Dieses Experiment beweist, dass die Wurzelansätze normale Wurzeln und die Zwiebelschuppen normale Blätter sind.

Alter: ab 6 Jahren
Material: 1 Küchenzwiebel, 3 Stecknadeln, 1 Wasser gefülltes Marmeladenglas

Zwiebel mittels 3 Stecknadeln so auf die Glasöffnung legen, dass die (breite) Zwiebelunterseite ins Wasser reicht.
Warten und immer wieder Wasser nachfüllen.

Was passiert?
- An dem ins Wasser ragenden Teil der Zwiebel bilden sich nach ca. 1 Woche Wurzeln aus, weil die ansetzenden Wurzeln Wasser aufnehmen und austreiben.
- Erst nach ca. 3 Wochen treiben die zarten grünen Blätter aus den Zwiebeln. Sie lassen sich wie Schnittlauch gehackt in der Suppe verwenden.

Wird die Zwiebel nach dem Wurzeltreiben in einen Topf mit Erde gepflanzt und an eine helle Fensterbank gestellt, hält sie sich länger und kann ähnlich wie Schnittlauch immer wieder geerntet werden.

VON DEN ZWIEBEL-LIEBHABERN ...

Ursprünglich kommt die Zwiebel aus Zentralasien und hat sich von dort schnell ausgebreitet. Im alten Ägypten galt die Zwiebel als Volksnahrungsmittel und der Pharao bezahlte die Pyramidenarbeiter mit Zwiebeln und Knoblauch. Die Römer legten Zwiebelgärten an und stellten hierfür eigene Gärtner ein. Mit Beginn des Mittelalters spielte auch bei uns die Zwiebel eine große Rolle in den Küchen.

Die größten Zwiebelliebhaber waren schon immer die Spanier. Während es bei uns am Markt meist nur 4 verschiedene Sorten (Schalotten, rote und braune Küchenzwiebeln und Frühlingszwiebeln) zu kaufen gibt, ist die Palette in Spanien mit über 100 verschiedenen Zwiebelsorten enorm groß. Da finden sich z.B. große weiße Zwiebeln, die besonders süß sind; runde strohgelbe Zwiebeln, die wie Obst gegessen werden können; rotbraune, gesprenkelte, violette, birnenförmige ...

Dunkelfarbige Zwiebelsorten können noch dazu wunderschön färben!

PYRAMIDENBAU

Mit etwas Geschick lassen sich Zwiebeln zu immer höheren Pyramiden auftürmen.

Alter: ab 3 Jahren
Material: jede Menge Küchenzwiebeln

Die Kinder türmen Zwiebeln zu 3- oder 4-seitigen Pyramiden (vorher ausmachen; mit 3-seitigen geht es etwas leichter).

Die Kinder legen die Zwiebeln entsprechend als Quadrat oder Dreieck eng zusammen. Je größer sie die Grundfläche planen, desto höher können sie bauen.

So geht's weiter

Der Reihe nach legt jedes Kind eine Zwiebel auf die Fläche. Anfangs ist es noch einfach, mit jeder Zusatzschicht wird es aber immer schwieriger, dass der Pyramidenbau stabil bleibt.

Gelingt es die Pyramide bis auf die letzte Zwiebel fertig zu bauen?

Das Kind, bei dem die Pyramide zusammenfällt, baut die Grundfläche für die nächste Runde auf.

Das Kind, das die letzte Zwiebel erfolgreich platziert, wird wie ein Pyramidenarbeiter im alten Ägypten vom Pharao mit Zwiebeln ausgezahlt bzw. geehrt!

Hinweis: Folgende Zwiebelanzahl insgesamt ist notwendig für eine Pyramide mit

	1	2	3	4	5	6	7	Schichten
3-seitig:	1	4	10	20	35	56	84	Zwiebeln
4-seitig:	1	5	14	30	55	91	...	

RÖMISCHES ZWIEBELGÄRTCHEN

Alter: ab 4 Jahren
Material: Steckzwiebeln, große Tonschüssel, Blumenerde, Mini-Accessoires aus Ton (Scherben, Krüge, Amphoren, ...) oder Ton zum Selbsttöpfern

Die Kinder füllen die große Tonschüssel mit Blumenerde.
Aus Tonscherben oder aus selbst gemachten Tonziegeln legen sie kleine Wege an.
Dazwischen pflanzen sie Steckzwiebeln (mit der Breitseite nach unten in die Erde stecken) und stellen kleine selbst gemachte oder gekaufte Ziergegenstände aus Ton auf.
Die Zwiebeln sprießen bereits nach einer Woche mit schnittlauchartigen Trieben.

Variante
In einem Gemüsegarten ist eine „Maxi-Version" eine schöne Sache!

UNGEHEUERLICHES AUS ZWIEBELN

Monster, Mumien und Gespenster aus Zwiebeln mit Geruchsausstrahlung – wenn das nicht ungeheuerlich ist?

Alter: ab 5 Jahren
Material: Zwiebeln unterschiedlicher Sorten (besonders eignen sich Gemüsezwiebeln, weil sie nicht in den Augen brennen), Gewürznelken, Zahnstocher, Messer, Schneidbrett

Gemüsezwiebeln schälen und in ihre Schichten zerlegen.
Kopf und Körper mit Zahnstochern zusammenstecken. Als Augen und Münder dienen Gewürznelken. Auf diese Weise entstehen Monster, Mumien oder Gespenster.
Hinweis: Die ungeheuerlichen Zwiebelkunstwerke sind wunderschön anzusehen, aber rasch vergänglich. Die nachfolgende Aktion schafft Abhilfe.

SCHMECKEN

SPANISCHES ZWIEBELREZEPT „EL MONSTÉR"

Sinnvolle Weiterverwertung der ungeheuerlichen Monsterbastelei und gleichzeitig Gaumenkitzel!

Alter: ab 5 Jahren
Material: ungeheuerliche Zwiebelmonster etc., 3 EL Olivenöl, Salz

In eine Kasserolle das Olivenöl geben, darauf die Monster legen und salzen.
Im Backofen bei 200 °C ca. 30 Min. backen, bis die Monster schön weich und am Rand hellbraun geworden sind.
Schon bald erfüllt köstlicher Zwiebel-Gewürznelkenduft den Raum.
Übrigens: Diese Monster schmecken sogar kalt!

Variation für „Nicht-Zwiebelesser":
Die Monster im Reis mitkochen – gibt ihm eine betörende Note!

SEHEN

HIN UND WEG MIT DER FARBE!

Je nach Verwendung von braunen oder roten Zwiebeln entsteht eine Zwiebelfarbenpalette von hellgelb bis dunkelrotbraun! Saure Flüssigkeiten wie Essig oder Zitronensaft zaubern die Farbe wieder weg!

Alter: ab 3 Jahren
Material: Zwiebelaußenschalen, rohe Eier, Kochtopf, Wasser, Essig oder Zitronensaft, Wattestäbchen

Außenschalen von mehreren Zwiebeln zerkrümeln und 1 Stunde in Wasser (Zwiebelschalen sollten gut mit Wasser bedeckt sein) kochen.
Je länger gekocht wird, desto dunkler wird dann die Färbung ausfallen: von hellgelb bis rotbraun. Vor dem Kochen über Nacht eingeweichte Schalen bewirken noch dunklere Farbtöne.
Die Eier im Absud kochen. Nach 10–15 Min. nehmen sie Zwiebelfarbtöne an.
Essig oder Zitronensaft in ein Schälchen füllen und ein Wattestäbchen darin tunken. Überall wo mit dem Wattestäbchen getupft oder gestrichen wird, verschwindet die Zwiebelfarbe. Je öfter die Kinder die gleiche Stelle mit dem sauren Saft behandeln, desto heller wird sie, weil die Farbe immer stärker weggeätzt wird.
Die Eier mit Spiralen, Punkten oder Strichmustern bestreichen. So entstehen hübsche gemusterte Eier, auch z.B. ein Tigerfell-Ei!

ZWIEBELFESTE

Zwiebelfeste gibt es in vielen Städten. Bekannt sind jene in Coburg und Weimar.
Der berühmteste ist aber der Berner Zibelemärit, der eher ein Zwiebelkarneval als ein Markt ist. Am vierten Montag im November ist in der Schweizer Stadt Bern die Zwiebel los: Die Kinder haben schulfrei, überall duftet es aus den Gaststätten nach den berühmten Zwiebelkuchen, den Zwiebelwähen. Die Markstände sind voller Berge mit gelben und roten Zwiebeln, die zu Kränzen, Zöpfen und allerlei Fantasiegebilden zusammengebunden sind. Für Kinder gibt es Zwiebelbonbons und die Erlaubnis, den Großen Konfettis ins Haar zu schmeißen, Papierschlangen ins Gesicht zu pusten oder mit quietschenden Plastikhämmerchen herum zu hauen. Verschont bleibt dabei keiner. Zu Großmutters Zeiten waren auch noch Affenhalter, Drehorgelmänner und Bärentänzer dabei.

ZWIEBELWEIB UND MEHR

Kunstwerke, die lange haltbar sind!

Alter: ab 4 Jahren
Material: Zwiebeln in verschiedenen Farben und Größen, Zahnstocher, Stecknadel oder Klebstoff, Schaschlikstäbchen, Pfeifenputzer, Stoffreste, Schere, Plakafarben oder wasserfeste Stifte, Gewürznelken, Strohblumen

Zwiebelweib
Mittels Schaschlikstäben oder Zahnstochern 2 unterschiedlich große Zwiebeln (Kopf und Körper) zusammenstecken. Röckchen und Kopftuch aus Stoffresten ausschneiden und mit Stecknadeln befestigen oder ankleben. Gesicht aufmalen oder mit Gewürznelken aufstecken. Hände aus Pfeifenputzern und Krönchen aus Strohblumen machen sich schön.

Zwiebelbaby
2 Zwiebeln mit einem Schaschlikstäbchen so zusammenstecken, dass die Zwiebelwurzeln nach außen gewendet sind. Für das Babygesicht die äußere Zwiebelhaut schälen und aus Gewürznelken Augen und Mund aufstecken.

Zwiebeltiere
Je nach Anbringung von Zwiebelhäuten und Gewürznelken für Ohren, Flossen, Schwänze, Rüssel etc. entstehen aus Zwiebeln Mäuse, Fische und Schweine.

Hinweis: Es ist ein wenig Kraft vonnöten, um Gewürznelken in die Zwiebel zu stecken. Erwachsene oder ältere Kinder sollten für jüngere die Stellen mit einem Nagel oder der Spitze eines Schaschlikspießes vorbohren.

ZWIEBELKETTE ODER -KRÖNCHEN

Ein besonderer Schmuck für Prinz oder Prinzessin!

Alter: ab 5 Jahren
Material: kleine Küchenzwiebeln oder Schalotten, Goldfarbe oder Goldspray, lange Nadel, fester Bindfaden

Zwiebeln mit goldener Farbe anmalen oder ansprayen und zu einer Kette auffädeln.
Für ein Krönchen reichen 5 kleine Zwiebeln, die die Kinder eng aneinander im Kranz zusammenfädeln.

ZWIEBELPRINZESSIN

Alter: ab 3 Jahren
Material: Zwiebeln, verschiedenfarbige dicke Schnüre, eine davon golden, Zwiebelkrönchen (s. o.)

Die Spielleitung legt mit verschiedenfarbigen dicken Schnüren (eine sollte davon golden sein) unterschiedlich große Kreise, alle mit einem Abstand konzentrisch ineinander. Der innerste kleinste Kreis ist aus goldener Schnur.
Die Kinder werfen nacheinander von einem bestimmten Punkt aus eine Zwiebel.
Je nachdem wo sie hin treffen, müssen sie ein Tier (passend zur Farbe der Schnur) nachahmen, z.B. im grünen Kreis wie ein Frosch hüpfen und quaken, im weißen Kreis wie ein Schaf blöken usw.
Landet die Zwiebel im innersten goldenen Kreis, so ist das Kind ZwiebelkönigIn und darf die Zwiebelkrone tragen – bis ein anderes Kind die Mitte trifft!

ZWIEBELWÄHE

Zutaten: 1 Packung Blätterteig, 5 Zwiebeln, 100 g Greyerzerkäse (ersatzweise auch Emmentaler), 3 EL Sonnenblumenöl, 2 Eier, 250 ml Milch, Salz, Schnittlauch

Backblech mit Backpapier auslegen, Blätterteig in Backblechgröße auswalken und darauf geben. Den Ofen auf 220° C vorheizen.
Die Zwiebeln schälen, halbieren und in Streifen schneiden. Mit dem Sonnenblumenöl in einer Pfanne glasig dünsten.
Den Käse fein reiben und den Schnittlauch in Röllchen schneiden.
Für den Guss Eier mit der Milch gut verquirlen, Salz und Schnittlauchröllchen zugeben.
Auf den Blätterteigboden einen kleinen Teil des geriebenen Käses streuen, darüber die gedünsteten Zwiebeln, dann den Guss und zum Schluss den Rest des Greyerzerkäses darauf geben.
Nach 30 Min. Backzeit „wä(e)ht" wunderbarer Wähenduft entgegen.

Die Esslinger Zwiebelsage

Vor vielen, vielen Jahren kam der Teufel in die Stadt Esslingen und verlangte nach einem Apfel. Eine Marktfrau erkannte ihn trotz seiner Verkleidung an seinem Pferdefuß und dem Schwefelgeruch. So reichte sie ihm listig anstatt des begehrten Apfels eine Zwiebel. Der Teufel biss in die saftige Knolle und schrie: „Das sollen eure Äpfel sein? Spott über euch Esslinger! Zwiebeln sind es, scharfe Zwiebeln! Ihr sollt künftig nicht mehr Esslinger heißen, sondern Zwiebel!"
Von da an hießen alle Esslinger Bürger nur noch Zwiebel!

ZWIEBELDUFT, DER INS AUGE ODER IN DIE NASE GEHEN KANN

Die ätherischen Öle der Zwiebeln dünsten Düfte sowohl vor als auch nach ihrem Verzehr aus: Davor gehen sie vor allem ins Auge und drücken so manche Tränen heraus.

Die Zwiebel wehrt sich eben, wenn sie verletzt wird! An den Schnittflächen entweicht ein starkes Gas, das an der Luft zu Schwefelsäure wird. Diese Säure ist es, die in den Augen brennt. Das beste Mittel dagegen ist Wasser. Es schützt die Augenschleimhäute vor dem Gas der Zwiebeln.

Also: Zwiebel unter Wasser schälen und auf nassem Brett schneiden.

Oder: Taucherbrille aufsetzen bzw. milde Zwiebeln nehmen!

Danach steigt der Zwiebelduft besonders Nicht-Zwiebelessern in die Nase.

Früher galt der Zwiebelgeruch als nicht vornehm, daher waren Zwiebeln eine Armenspeise, denn das einfache Volk konnte sich teure, wohlriechende Gewürze nicht leisten.

Mittlerweile sind die Zwiebeln auch in die feine Küche eingezogen.

Die ätherischen Zwiebelöle sind aber auch Gesundmacher: Sie sind gegen krankheitserregende Keime wirksam, können Fieber senken und die Abwehr steigern.

EXPERIMENT & SEHEN
DER DUFT BEWEGT!

Hier wird Zwiebelduft sichtbar gemacht!

Alter: ab 5 Jahren
Material: Zwiebel, Küchenmesser, Schneidbrett, Wasser, (dunkler) Suppenteller, Babypuder

Den Suppenteller mit Wasser füllen, darauf dünn (wichtig!) etwas Babypuder streuen.

Über die Puderoberfläche eine frisch aufgeschnittene Zwiebel halten: Die Duftmoleküle der Zwiebel bewegen den Puder!

Hinweis: Mit einem dunklen Teller ist die Bewegung noch besser sichtbar.

SEHEN & SPIEL
ZAUBERTINTE

Geheimnisvolle Zwiebelschrift!

Alter: ab 6 Jahren
Material: Zwiebel, Reibe, Sieb, Pinsel, Papier, Bügeleisen

Die Zwiebel schälen, reiben, durch ein Sieb drücken und den Saft auffangen. – Fertig ist die Zaubertinte!

Für die Zauberschrift Pinsel in den Absud tauchen und mit viel Saft (sonst zu wenig sichtbar) die geheime Botschaft auf ein Papier schreiben oder malen.

Durch Erwärmen (z.B. mit einem Bügeleisen, etwas schwächer und langwieriger auch über der Heizung) kann der Empfänger die Botschaft sichtbar machen – die Schrift erscheint dann in Gelbbraun.

Zwiebeltränen

Evamarie Taferner

Es war vor vielen hundert Jahren, zur Zeit der Kreuzzüge. Kaiser, Könige und der Papst riefen alle Ritter in Europa auf, mit ihnen nach Jerusalem zu ziehen, um die Heilige Stadt von den eingedrungenen Heiden zu befreien.

Einer war der Ritter Heinrich, dem dieser Aufruf in seiner Burg zu Ohren kam. Er nahm Abschied von seiner Familie und machte sich sogleich auf den Weg, mit den großen Heerscharen zu ziehen. Welche Mühen hatten sie zu ertragen und wie viele Abenteuer zu bestehen!

Hiltigund, seine Frau, blieb allein mit den Kindern und dem Gesinde auf der Burg zurück. Sie weinte tagelang.

Aber es nützte nichts, ihre Tränen brachten ihr Heinrich nicht zurück. So hörte sie eines Tages damit auf und wandte sich ihrem Garten zu, der zur Burg gehörte.

Sie jätete und schnitt, harkte und pflanzte. Die Arbeit im Garten gefiel ihr und auch den Kindern. Da war der Schmerz um Heinrich gleich leichter zu ertragen. Die Blumen dankten ihr die Mühe mit bunter Pracht, die Kräuter dufteten in allen Wohlgerüchen und das Gemüse gedieh herrlich, bevor es in den Kochtopf wanderte.

Als der Winter kam, war Heinrich noch immer nicht heimgekommen. Aber auch im Garten war es still geworden. Eis und Schnee bedeckte die Erde.

So setzte sich Hiltigund mit den Kindern zum Kaminfeuer und erzählte ihnen Geschichten, die sie erlebt oder sich ausgedacht hatte. Dazwischen zeichnete sie Blumen und Kräuter auf ein gespanntes Leinentuch, um sie später mit feinen Nadeln und Garnen zu sticken. Sie holte die Natur in ihr einsames Warten. Jahr um Jahr verging.

Sie konnte es fast nicht glauben, als an einem Maitag Heinrich vor ihr stand. Beinahe erkannte sie ihn nicht. Abgemagert und verhärmt, sein Gesicht schwarzbraun von der Sonne und sein Körper bedeckt mit Narben. Aber er lebte!

Sie wollte sich in seine Arme werfen, aber ein unbekannter, scharfer Geruch war um ihn. Sie stockte, nur widerstrebend trat sie näher an ihn heran. Sein übel riechender Atem schlug ihr entgegen, als er sie fragte:

„Was hast du denn, Hiltigund, magst du mich nicht mehr?"

Da kamen zum Glück die Kinder gelaufen. Sie stürzten auf ihn zu und riefen: „Vater, Vater, wie schön, dass du wieder bei uns bist, aber sag, Vater, warum riechst du so grässlich?"

„Ach ja, das hätte ich beinahe vergessen! Ich bringe euch etwas mit, das mir sehr geholfen hat zu überleben!"

Damit griff er in die Satteltasche seines Pferdes und holte einen Sack mit kleinen, gelbbraunen und aus lauter Häuten bestehenden runden Dingern hervor. Auch ihnen entströmte dieser scharfe Geruch.

„Diese Gewächse nennt man Zwiebeln, sie haben mich gerettet! Hätte ich sie nicht unentwegt gegessen, stünde ich heute nicht vor euch!"

Da gab ihm auch, zögernd zwar, Hiltigund ihren Willkommenskuss.

In den nächsten Tagen steckte sie die kleinsten der mitgebrachten Zwiebeln in die Erde. Sie hegte und pflegte sie. Langsam gewöhnte sie sich auch an ihren beißenden Geruch. Siehe da, sie bildeten Wurzeln und wurden größer und größer.

Nur, wenn sie einer Zwiebel die vielen trockenen Häute abschälte und das saftige Innere zerschnitt, kamen ihr immer die Tränen. Vielleicht war es nur die Dankbarkeit, dass sie ihren Heinrich wieder hatte?

EXPERIMENT & KUNST
CHRYSANTHEME ÖFFNE DICH!

Ein kleines Wunder: Aus wenigen Schnitten entsteht aus einer gewöhnlichen Küchenzwiebel eine wunderschöne Chrysanthemenblüte, die sich, auf Eis gelegt, sichtbar öffnet!

Alter: ab 6 Jahren (jüngere Kinder benötigen Hilfe beim Aufschneiden der Zwiebel)
Material: je 1 weiße und rote Küchenzwiebel, Küchenmesser, Schneidbrett, Schüssel, Wasser, Eiswürfel

Äußere Haut der Zwiebel abschälen und das obere und untere Ende abschneiden.
Von der Zwiebelspitze her bis 1 cm über der Grundfläche „Tortenstücke" einschneiden: zuerst 4 Teile, diese dann wieder halbieren, d.h. 8, dann 16 usw. Die Blüte wird mit jeder Teilung noch schöner und feingliedriger.
Eine Schüssel mit Eiswürfeln füllen und die Chrysantheme auf die Eiswürfel setzen. Sie öffnet ihre Blüten sofort ein kleines Stück. In Eiswasser eingetaucht öffnet sich die Chrysantheme nach 1–2 Stunden noch weiter.
Besonders schön sehen rote Zwiebelchrysanthemen aus, da die „Blütenblätter" außen dunkelrot und innen weiß sind, die Zwiebel außerdem ein gelbes Inneres besitzt, dass nach dem Öffnen wie Staubgefäße aussieht.

DIE ZWIEBELFORM

Zwiebeln sind eine Urform und Vorbild für die Form verschiedenster Dinge wie Zwiebeltürmchen (besonders bei russischen Kirchen), Lampen, Christbaumspitzen und letztendlich besitzt fast jeder Kreisel Zwiebelform.

SPIEL
ZWIEBELKREISEL

Einfaches Spielzeug aus Mutter Natur!

Alter: ab 4 Jahren
Material: Küchenzwiebeln, Schaschlikspieße

Den Schaschlikspieß auf ca. 10 cm kürzen und möglichst gerade in die Zwiebelspitze stecken. Wer kreiselt die Zwiebel am besten, d.h. am längsten?

ZWIEBELDREHEN

Hier bestimmt der Zufall, wer dran kommt!

Einen langen Schaschlikspieß in die Zwiebelspitze stecken – fertig ist der Zufallsgenerator!
Die Kinder sitzen im Kreis und bestimmen mit der Zwiebel, wer ausgewählt wird die nächste Aufgabe zu lösen (z.B. einen Purzelbaum machen, das beste Tortenstück aussuchen, das nächste Spiel vorschlagen usw.).
Sie lassen die Zwiebel in der Runde kreiseln. Hat sie sich ausgedreht, zeigt der Holzspieß in eine bestimmte Richtung d. h. zu einem bestimmten Kind.
Glück oder Pech für das Kind!

TIPPS UND TRICKS FÜR DEN EIGENEN GARTEN

Zwiebeln aus Samen heranziehen dauert ewig. Viel klüger ist es Steckzwiebeln zu kaufen. Das sind sehr kleine Zwiebeln (ungefähr so groß wie Perlzwiebeln aus dem Glas) im ersten Jahr nach der Aussaat. Im Herbst oder Frühling sind sie überall in Netze gefüllt zu haben.

Im eigenen Garten werden Steckzwiebeln „gemästet"; einfach in die Erde stecken und warten, bis sie schön dick sind. Dabei die Steckzwiebeln im Frühling (März/April) im Abstand von 10 cm mit der Spitze nach oben in gute lockere Gartenerde drücken und mit Erde bedecken. Schon bald werden grüne Zwiebelblattspitzen aus der Erde sprießen. Übrigens: Zwiebeln mit Wut im Bauch gepflanzt sollen besonders scharf geraten!

Es gibt auch winterharte Zwiebelarten, die im Herbst gesteckt werden und im Frühling als Jung-zwiebeln aus der Erde sprießen. Werden die Zwiebeln noch im selben Frühjahr geerntet, sind sie als Frühlingszwiebeln mitsamt ihrem Grün essbar.

Zwiebeln lieben die Gesellschaft von Karotten, Gurken, Salat und Tomaten. Schlechte Nachbarn sind hingegen Bohnen, Erbsen und Kohlgemüse.

Die Zwiebeln nehmen über den Sommer immer mehr an Größe zu. Im Herbst sind sie dick genug und für die Küche geeignet. Die grünen Blattspitzen sind zu diesem Zeitpunkt meist gelb und ver-welkt und die Zwiebeln selbst oberirdisch kaum noch sichtbar. Vorsichtig mit einer Grabgabel aus-buddeln und in der Sonne nachtrocknen.

Zwiebeln an einem kühlen, luftigen Ort aufbewahren. Ist es zu warm, treiben sie aus oder faulen.

GÄRTNEREI & SPIEL

GLÜCKSZWIEBEL

Ein altes Orakelspiel: Geht es gut aus, darf daran geglaubt werden!

Alter: ab 6 Jahren
Material: austreibende Zwiebeln im Gartenbeet, Schere

Das Grün zweier Zwiebeln im Garten auf die-selbe Länge stutzen und festlegen, welche der beiden Zwiebeln für Glück und welche für Un-glück stehen soll.

In den nächsten Tagen feststellen, wie es im nächsten Jahr bestellt sein wird.

Hat die Glückszwiebel nach dem Stutzen höher getrieben, so wird es ein glückliches Jahr. Ist die andere Zwiebel höher gewachsen, wird sich das Glück rar machen.

DIE GANZE GEMÜSEPALETTE
KRAUT & RÜBEN DURCHEINANDER

Aus der großen Fülle der Gemüse soll in diesem Kapitel geschöpft werden und das mit allen Sinnen! Ein ganzer Gemüsegarten lädt ein zum Riechen, Genießen, Hören, Schmecken, Spielen, Sehen, Rätseln, Malen, Basteln, Fühlen und Fantasieren.

RIECHEN & SPIEL
ROH ODER GEKOCHT?

Feine Näschen gesucht: Riecht gekochtes Gemüse anders als rohes?

Alter: ab 3 Jahren
Material: verschiedene Gemüsesorten zweifach – eines roh, das andere gekocht, kleine gleichartige Dosen ohne Deckel, schwarze Strümpfe, Gummibänder

Die Spielleitung füllt die gekochten und rohen Gemüsestücke in Dosen und beschriftet sie auf der Unterseite. Die Dosen mit einem Strumpfstück bedecken und mittels Gummiring fixieren.

Jeweils ein Kind darf mit der Nase raten: Welches Gemüse befindet sich in der Dose? Ist es roh oder gekocht?

Variante für Jüngere
Gekochte Gemüsepalette der Reihe nach aufstellen. Die Kinder „erriechen" das dazu passende rohe Gemüse!

SEHEN & KUNST & EXPERIMENT
GEMÜSEFÄRBUNGEN

Manche Gemüse geben beim Zerreiben, Zerschneiden (bunt gefärbte Fingerkuppen!) oder Zerkochen Farbstoffe ab. Der Farbabsud dient zum Experimentieren, Malen und Spielen.

Folgende Gemüseteile eignen sich zur Farbgewinnung:
Blau-/Rotkrautblätter: grün-blau-rot (je nachdem ob im basischen oder sauren Bereich)
Karottenschalen: gelbgrün
Spinatblätter: grün
Zwiebelschalen: beige bis rotbraun (je nachdem ob gelbe oder rote Zwiebeln)
Rote Rübe: rosa bis purpurrot

Färbevaration: Alaun und Pottasche intensivieren, Zitrone und Essig hellen auf,

FARBABSUD

Als Grundmittel ist ein Farbabsud notwendig.

Material: Färbematerial, Messer, Sieb

Grobe Teile zerschneiden oder zerraspeln, ca. eine Handvoll „Färbematerial" pro 1 l Wasser – je mehr Material, desto intensiver wird die Farbe.
1 Stunde leicht köcheln lassen, nach dem Erkalten absieben.
Den Farbabsud für Wasserfarbe, Knetmasse, Kreide und Fingerfarbe weiter verwenden.
Er hält kühl gelagert ca. 1 Woche lang.

WASSERFARBE

Material: Farbabsud, Pinsel oder Wattestäbchen, Zeichenpapier

Ausgekühlten Farbabsud mit Pinsel oder Wattestäbchen auf Papier auftragen.
Roter und blauer Farbabsud der Rotkrautblätter wird auf Papier fast einheitlich türkisblau.

KNETMASSE

Material: 100 g Mehl, 50 g Salz, 1 TL Öl, $1/2$ TL Alaun, $1/8$ l Farbabsud

Alle Zutaten außer dem Absud miteinander vermengen. Den Absud noch heiß darunter rühren und gut verkneten. Je nach Bedarf Mehl oder Wasser zugeben. In luftdichtem Behälter 2 Monate kühl gelagert haltbar.
Besonders intensiv violett bzw. rosarot färben Rotkraut und Rote Rübe die Knetmasse.

KREIDE

Material: Farbabsud, Gipspulver, Alufolie

Je 2 Teile Gipspulver mit 1 Teil Farbabsud gut verrühren und auf Alufolie ein stiftähnliches Gebilde formen. Trocknen lassen. Blau- und Rotkraut färbt fast einheitlich türkisblau (basischer Gips).

FINGERFARBE

Material: Farbabsud, Maisstärke, Papier (auch größere Bögen), Kämme, Bürsten, Pappkarton, Schere, Bienenwachs oder Schuhfett

Absud zum Kochen bringen und vorsichtig so viel Maisstärke einrühren, dass sich eine puddingähnlich gut verstreichbare Masse bildet (ca. $1/2$ Tasse Stärke zu 3 Tassen Absud).
Abkühlen lassen und kühl aufbewahren.

Besonders intensiv färben rote Rübe und Blaukraut/Rotkraut.

Verschiedene Möglichkeiten der Weiterverarbeitung:
- Mit den Fingern Fantasievolles (von Blumenwiese bis Schlaraffenland…) direkt auf Papier auftragen.
- Masse mit der ganzen Handfläche oder einem Borstenpinsel dünn auf die gesamte Papierfläche aufstreichen.
- Mittels Bürsten, Spachteln und Kämmen (auch selbst gemacht aus Pappkarton) Muster einritzen oder/und Fingerabdrücke machen.

Das fertige Kunstwerk einen Tag lang trocknen. Anschließend das Papier mit Bienenwachs oder Schuhfett einreiben und mehrmals in alle Richtungen über eine Tischkante ziehen – es wird dann wieder schön glatt.

Das Kunstwerk zum Einbinden oder als festes Geschenkpapier verwenden.

FARBEIER

Material: Farbabsud von Roten Rüben, Spinat und Rotkraut, Eier

Eier hart kochen, abschrecken, schälen und noch warm in den Farbabsud legen und darin ziehen lassen.

Im Spinatsud nehmen sie gelbe, im Roten Rübensaft rosarote Farbe an. Sind auch noch Stücke von Roten Rüben dabei, nehmen die Eier ein rosarotes Sprenkelmuster an.

Je länger die Eier im Saft ziehen, desto dunkler werden sie (Farbpalette von hellrosa bis purpurfarben).

In Rotkrautsaft nehmen sie hellblaue, mit etwas beigefügtem Essig rosa Farbe an. Nach wenigen Minuten werden aber beide zu „Verwandlungseiern": letztlich färben sich alle „Rotkrauteier" blaugrün – das basische Eiweiß setzt sich durch.

Besonders hübsch sehen diese Eier in Scheiben geschnitten aus.

BASTELN & HÖREN & SPIEL
MUSIK MIT GESCHMACK

In Wien gibt es ein Gemüseorchester, wo während des Konzertes das Instrumentarium zu Suppe verarbeitet wird. Das Publikum kann so das Gemüse zweimal genießen!

Alter: ab 3 Jahren (beim Basteln ist meist Hilfe von Erwachsenen notwendig)
Material: verschiedene Gemüsesorten, Messer, Eislöffel, Papiersack, Metallschüssel, Schneidbrett

Die Kinder „bauen" die folgenden Gemüseinstrumente und machen als Band Musik. Nach der Vorstellung wandert das Gemüse in einen großen Suppentopf!

Selleriebongos/-maracas
Sellerie unterschiedlicher Größen mit einem Eislöffel aushöhlen. Erzeugen mit Karotten als Schlägel ein Bongo-artiges Geräusch.
Die ausgehöhlten Selleries mit ein paar Bohnen gefüllt lassen einen der Maraca ähnlichen Klang ertönen.

Melanzaniklappe
Selleriemaraca
Selleriebongo
Zwiebelschalenrascheln
Kürbistrommel
Gurkophon
Paprikatröte
Bohnen-caxixi

Melanzaniklappe
Melanzani quer bis zum Blattansatz einschneiden. Erzeugt durch Hin- und Herklappen ein dumpfes Klappgeräusch.

Zwiebelschalenraschler
Trockene Zwiebelhäute in eine Metallschüssel füllen und mit den Händen herumrascheln.

Erbsenregen
Erbsen auf ein Backblech „trommeln" lassen.

Paprikatröte
Paprika oben und unten abschneiden und „Innenleben" entfernen. Ein kleines Stück Karotte aushöhlen und in den Paprikaunterteil stecken. In die Karotte hinein singen. Das klingt nun durch den Paprikatrichter verstärkt und „trötig".

Gurkophon
Gurke (oder Zucchini) längs aushöhlen, sodass eine Tunnelröhre entsteht.
Die Gurkenröhre in einen Paprikatrichter (wie bei der Tröte) stecken und hinein singen.

Bohnencaxixi
(Kaschischi ausgesprochen)
Bohnen in einen Papiersack füllen und den Sack im Rhythmus auf- und abschütteln.

Maisinstrumente
siehe unter „Maismusik" (S. 101)

Kürbistrommel
Großen ausgehöhlten Speisekürbis verwenden mit 2 Karotten als Trommelschlägel.

HÖRRÄTSEL MIT DEN GEMÜSEINSTRUMENTEN

Ein Kind muss mit verbundenen Augen herausfinden, welche 3, 4 oder 5 (je nach Alter) Instrumente gerade gleichzeitig (!) erklingen.

FANTASIE & SPIEL
GEMÜSE-KASPERLTHEATER

Gemüsesorten mit ungewöhnlichen Formen ergeben besonders tolle Charakterköpfe!

Alter: ab 5 Jahren
Material: verschiedene Gemüsesorten mit ungewöhnlichen Formen (verzweigte Karotten, aus mehreren Knollen zusammengesetzte Kartoffeln, extrem krumme Gurken, eingetrocknete Sellerieknolle ...) Schaschlikstäbe, Kinderschnitzmesser, Schneidbrett

Die Kinder betrachten die Gemüse genau, teilen sie bestimmten Figuren zu, verändern sie mehr oder weniger und stecken sie auf Stäbe.
Nun kann das Theater beginnen, vielleicht mit dem Stück „Ärger mit der Nachbarschaft" (S. 79).
Hinweis: siehe auch unter „Krumme Möhrenbastelei", „Schotenschnäbel", „Krummgurkenkunst", „Pumpkins", „Knollige Tiere", „Kolbenkunst", „Zwiebelweib und mehr"

ANHANG

Register

Verwendete und weiterführende Literatur

Heide Bergmann, Ursel Bühring, Andrea Groß: „Kleine grüne Wunder. Mit Kindern die Natur entdecken" Verlag Herder, Freiburg im Breisgau 1996.

Joost Elffers: „DuMonts's bunter Gemüse-Zoo für vergnügte Köche", DuMont Buchverlag, Köln 1997

Uli Geißler, Birgit Rieger: „Das große Ravensburger Natur- Spielebuch", Ravensburger Buchverlag 2003

Hermann Krekeler, Marlies Rieper-Bastian: „Naturexperimente", Ravensburger Buchverlag 1996

Monika Harand-Krumbach: „Nur Natur – Ein Werk- und Aktionsbuch für alle Sinne" Zebold Verlag, München 1993.

Hansjörg Küster: „Wo der Pfeffer wächst" Ein Lexikon zur Kulturgeschichte der Gewürze, Verlag C.H. Beck 1987.

Hansjörg Küster, Ulrich Nefzger, Herman Seidl, Nicolette Waechter: „Korn – Kulturgeschichte des Getreides", Verlag Anton Pustet, Salzburg 1999

Sabine Latorre, Annerose Naber: „Kartoffel. Das kreative Sachbuch", ALS Verlag Dietzenbach 1996

Hans Jürgen Press: „Der Natur auf der Spur", Ravensburger Buchverlag 1996

Hans Jürgen Press: „Spiel das Wissen schafft", Ravensburger Buchverlag 1995

Gisela Preuschoff: „Mit Kindern achtsam durch das Jahr" Verlag Herder, Freiburg im Breisgau 1985.

Michael Schuyt, Joost Elffers: „DuMont's phantasievoller Ratgeber für vergnügte Köche", DuMont Buchverlag, Köln 1996

H. Steinecke, I. Meyer: „Kleine botanische Experimente" Verlag Harri Deutsch, Frankfurt a. M. 2005

Susanne Stöcklin-Meier: „Naturspielzeug", Ravensburger Buchverlag 1997

Anita van Saan (Hrsg.): „365 Experimente für jeden Tag", moses. Verlag 2002

Zur Autorin

Leonore Geißelbrecht-Taferner

Jahrgang 1967, aus Eferding in Oberösterreich, studierte in Wien Botanik und Orgel, promovierte 1994 zum Doktor der Naturwissenschaften. Sie veröffentlichte einige wissenschaftliche Publikationen, widmet sich aber seit einiger Zeit verstärkt dem Thema „Natur" auf dem Kinderbuchsektor. Ihre vorrangigen biologischen Interessensgebiete sind Unkräuter, Naturschutz, Garten und Umweltpädagogik.

Neben ihrer Tätigkeit als Büchereileiterin der Stadtbibliothek Eferding und Organistin beschäftigt sie sich (teilweise gemeinsam mit ihrem Mann) mit dem Schreiben und Illustrieren von Büchern, vor allem Kinderbüchern. Sie ist Mutter von vier Kindern, von denen sie immer wieder Anregungen bekommt.

Sie ist auch „Feld-, Wald- und Wiesenführerin" und tourt mit ihrem Mann durch Österreich, um lesend, musizierend und spielend ihre Kinderbücher vorzustellen.

Von Leonore Geißelbrecht-Taferner ist im Ökotopia-Verlag bereits der Band „Die Gartendetektive" erschienen, der Band „Die Kräuterdetektive" ist in Vorbereitung.

Für die vielen Anregungen bedanke ich mich bei meinen Kindern, für die vielen Hilfen bei meinem Mann.

Zur Illustratorin

Kasia Sander

geb. 1964 in Gdynia (Polen). Studium an der Kunstakademie in Danzig.
1986 Übersiedlung nach Recklinghausen, Studium und Diplom an der Fachhochschule für Design in Münster.
Seit dem Abschluss arbeitet sie als freie Illustratorin für Buchverlage und als Karikaturistin für die Recklinghauser Zeitung. Teilnahme an mehreren Einzel- und Gruppen-Ausstellungen.

Leonore Geißelbrecht-Taferner

DIE BLUMEN-DETEKTIVE

Den Blumen auf der Spur von Akelei bis Vergissmeinnicht

ISBN 978-3-86702-386-3

Kinder lieben Blumen – ob in Blumenkästen, am Wegesrand oder auf der Wiese. Dieses vielseitige Buch bietet viele Gelegenheiten, um gemeinsam mit den kleinen detektivischen Spürnasen die bunte Welt der Blumen zu erforschen. Vom Stiefmütterchen über den Klatschmohn bis zur Wegwarte erhalten Sie hier Porträts, Notizzettel für Besonderheiten und spannende Ideen zur Verinnerlichung des Gelernten. Experimente, Bastelanleitungen, Rezepte und Bewegungsspiele, das Gärtnern sowie ein Erleben der Blumen mit allen Sinnen kommen nicht zu kurz.

www.oekotopia-verlag.de